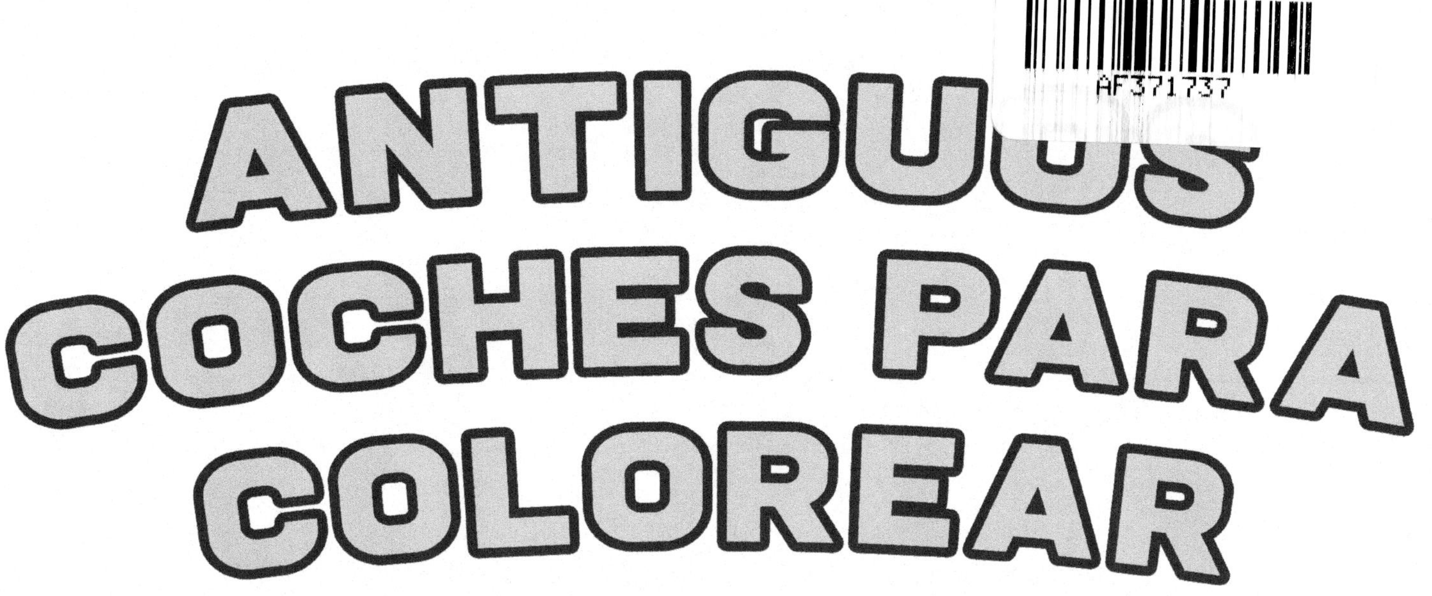

ANTIGUOS COCHES PARA COLOREAR

Colorear Libro Para Pacientes Con Demencia

Coloring Bandit

Publicado por Speedy Publishing Canada Limited

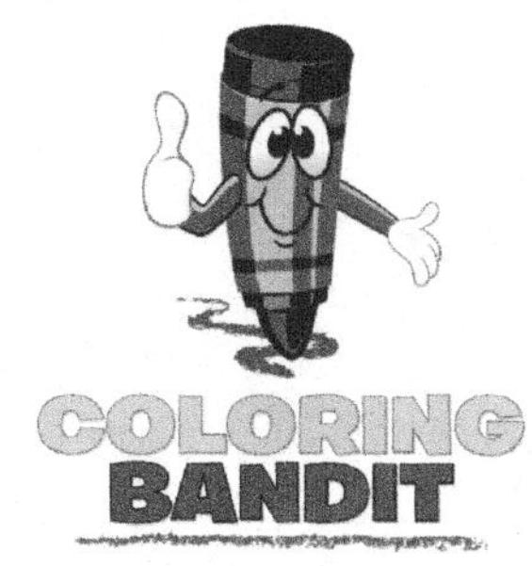

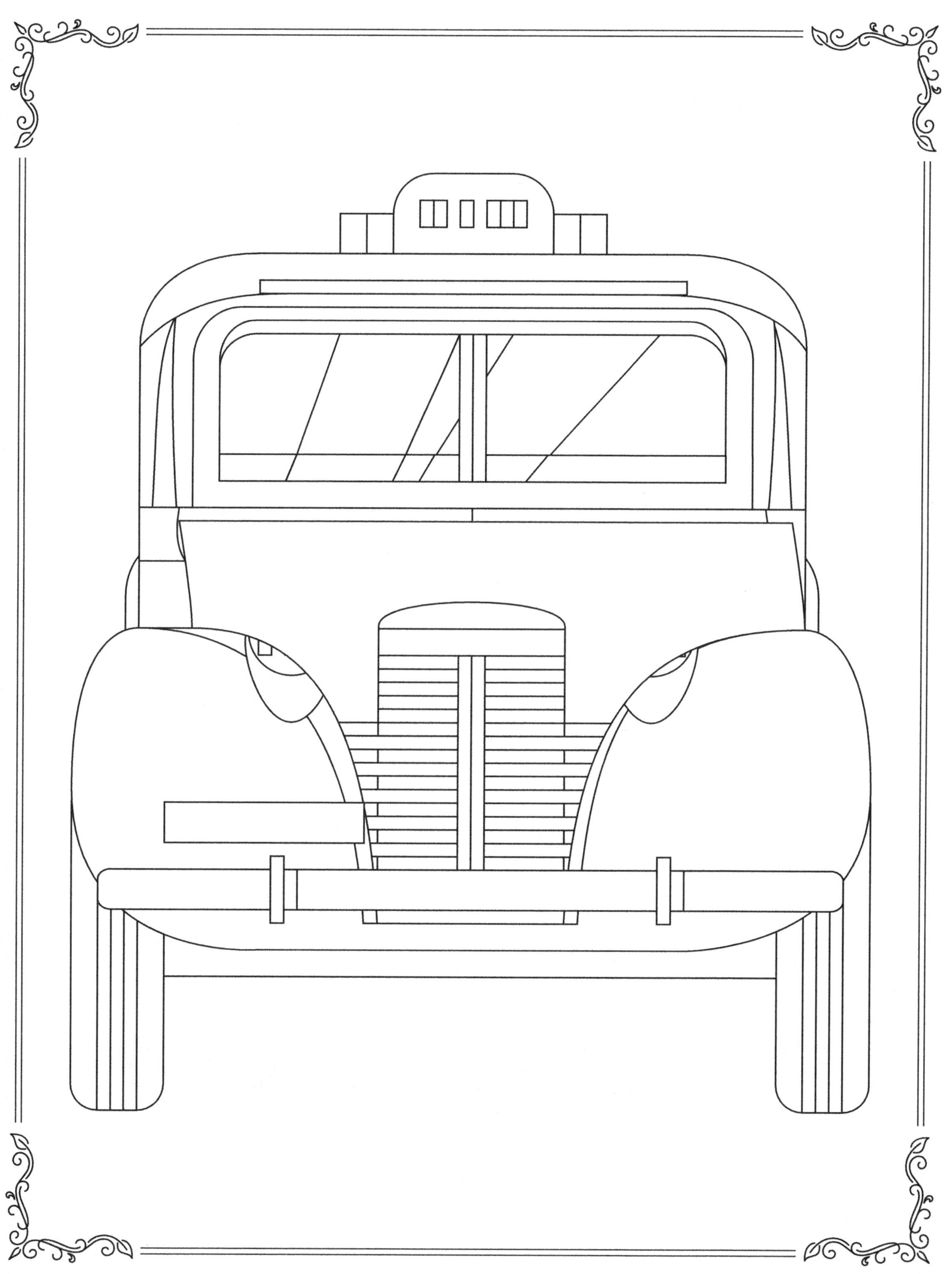

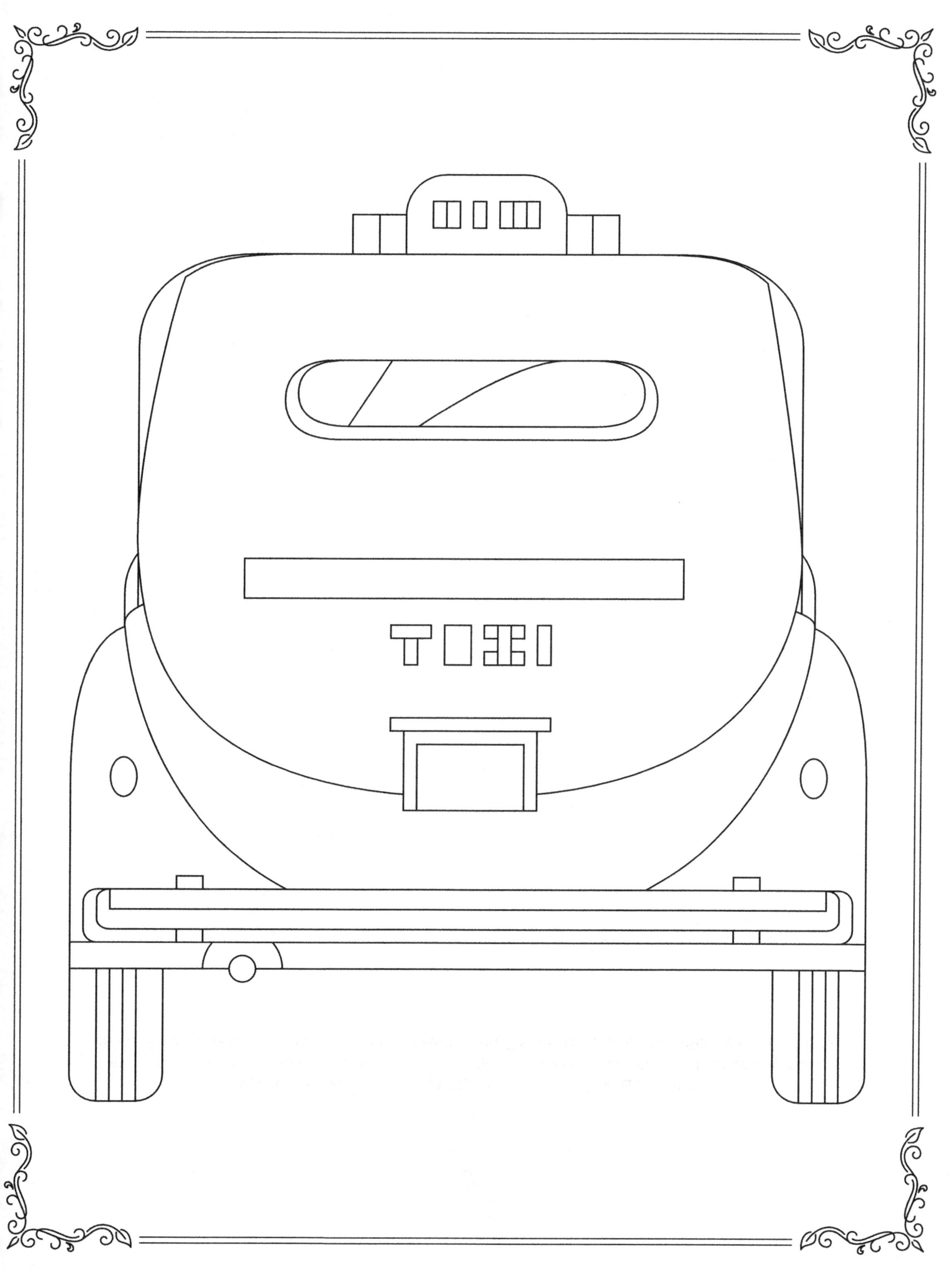

TAXI

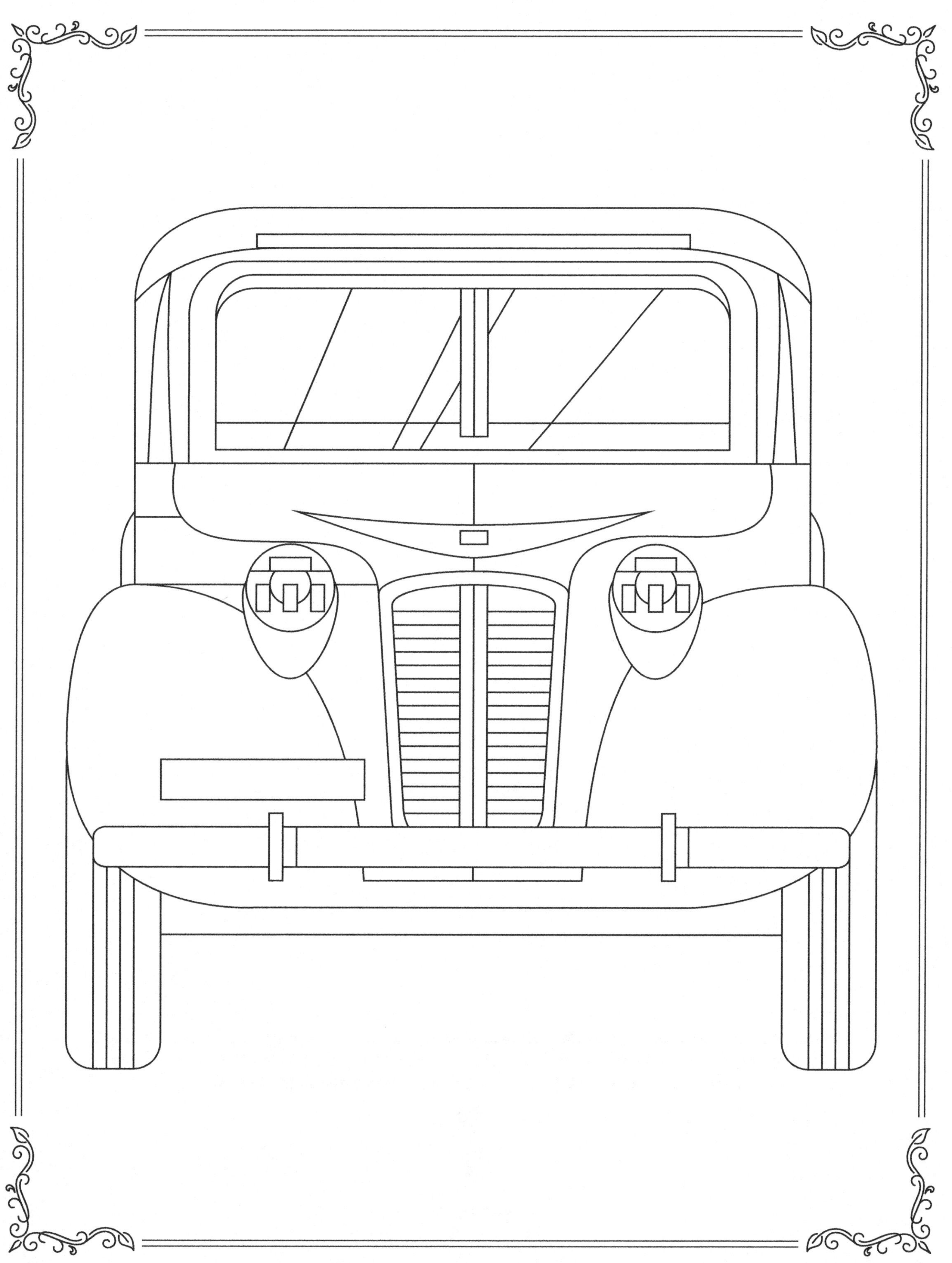

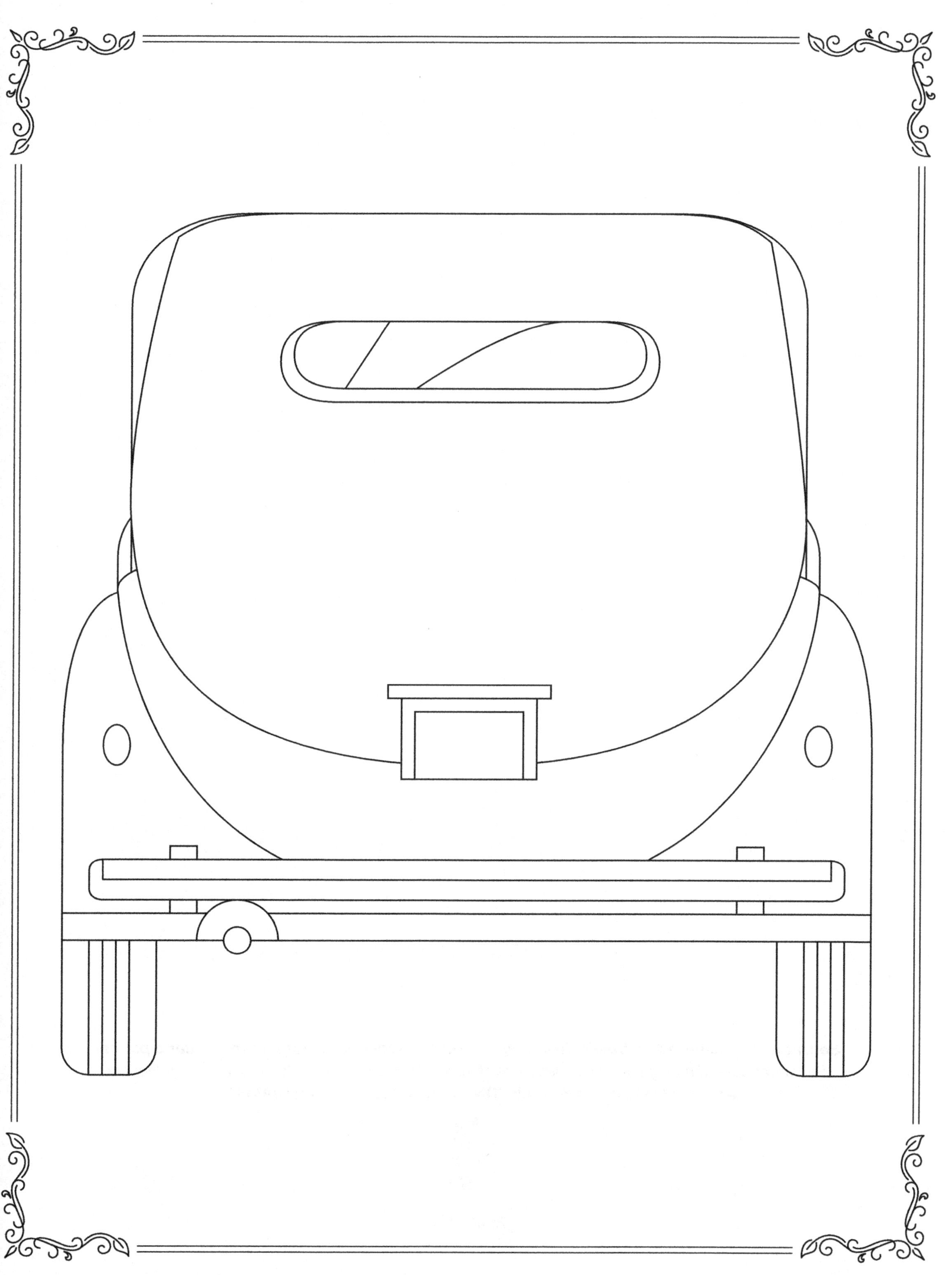

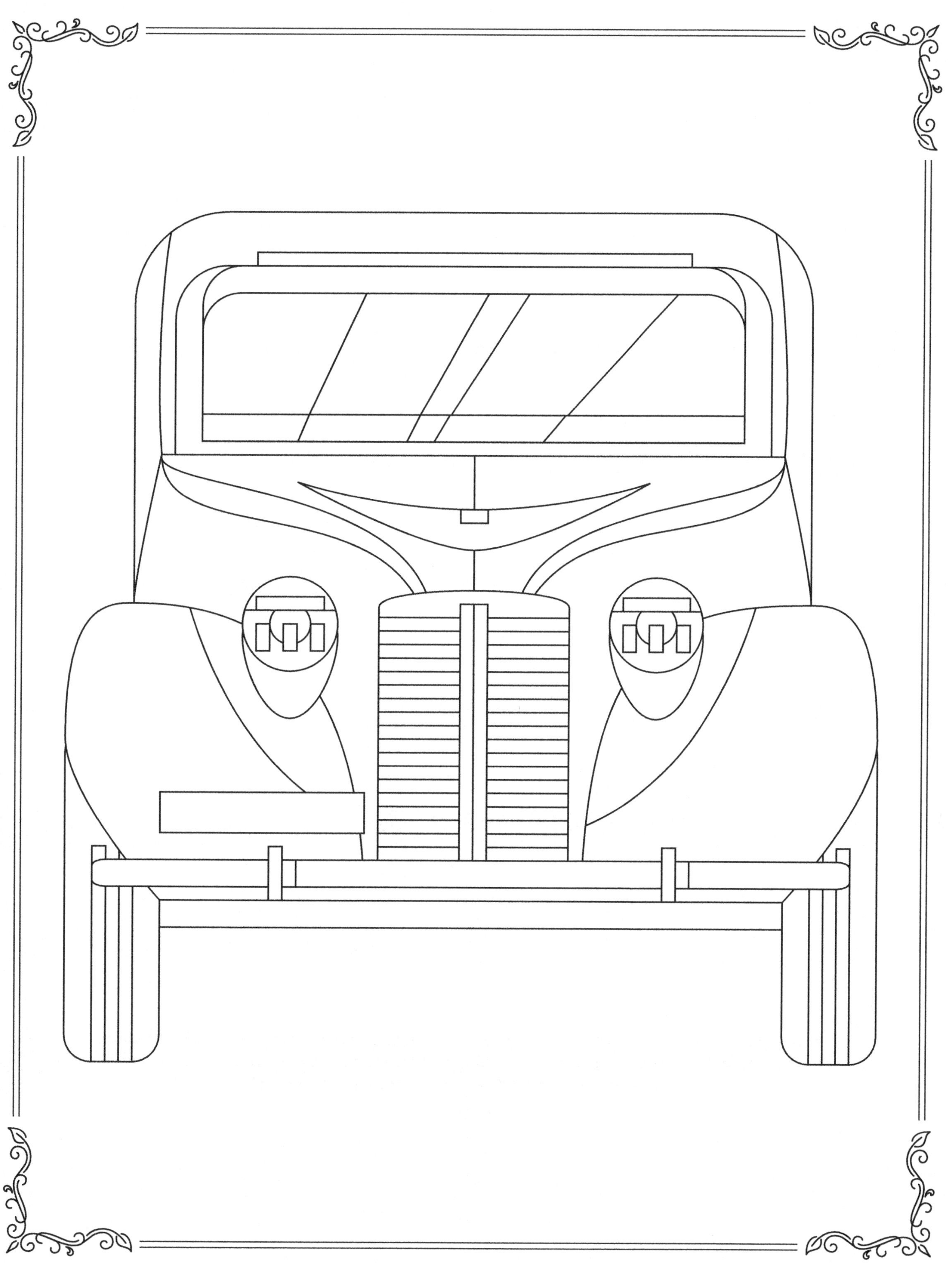

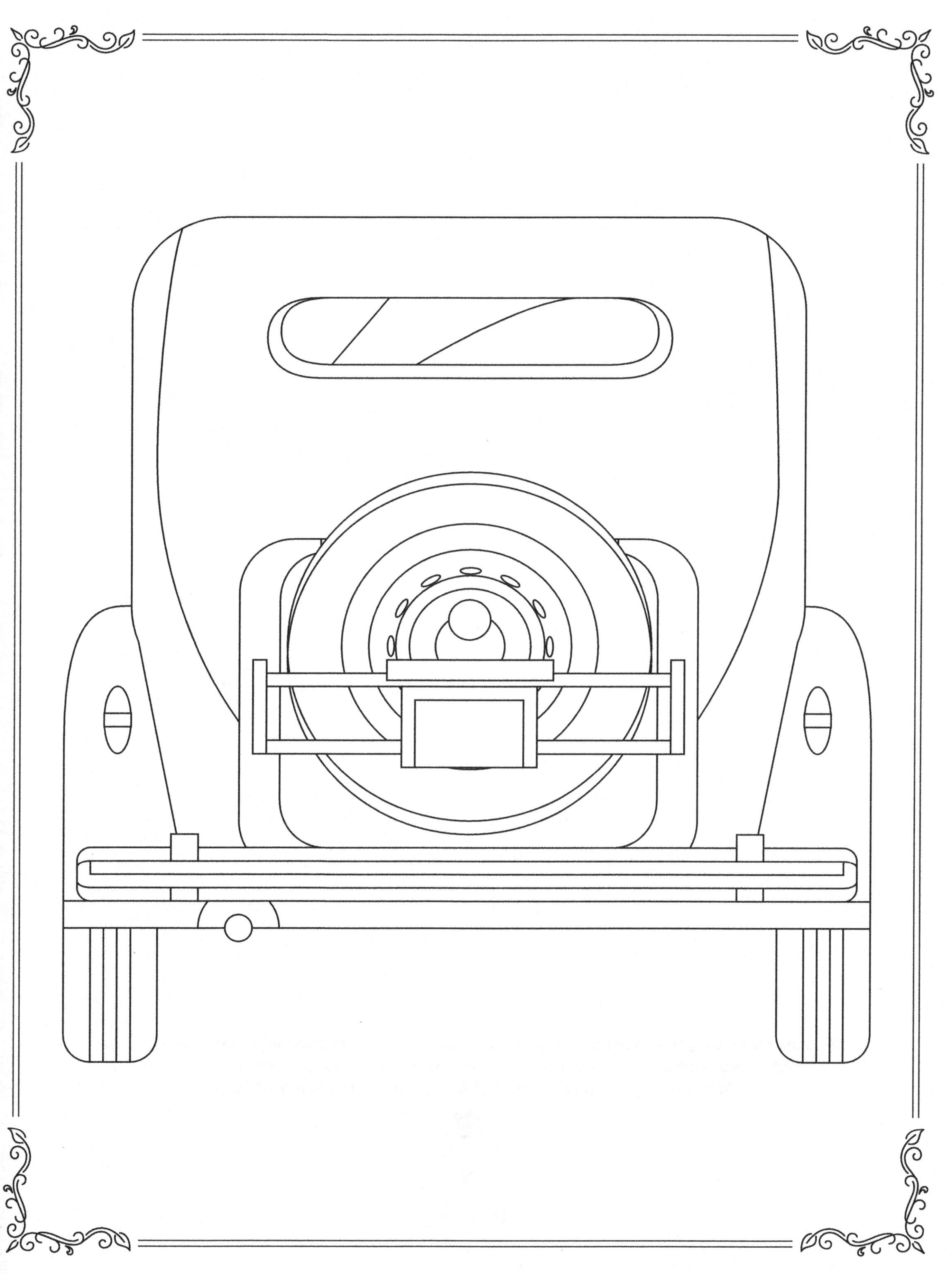

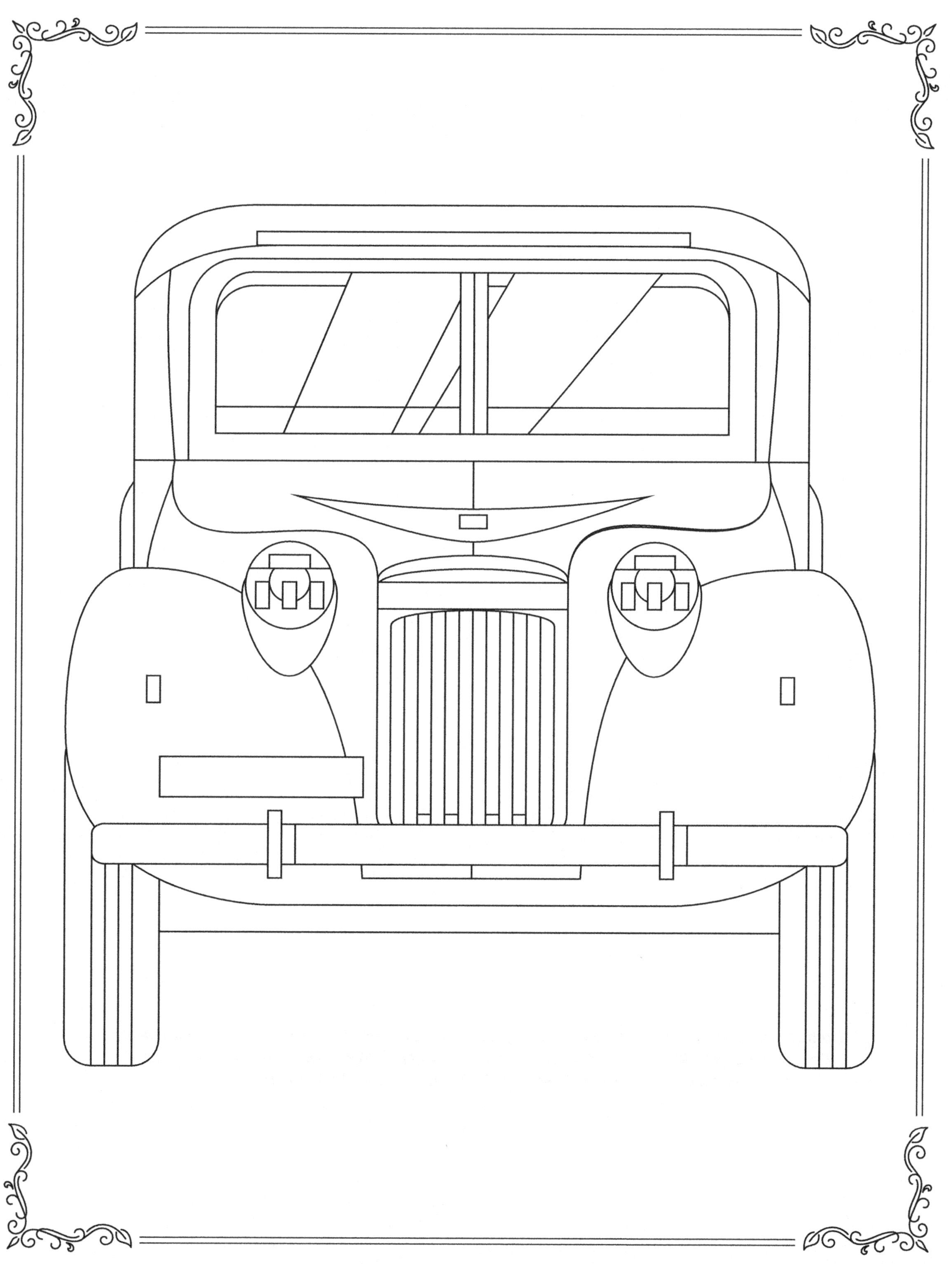

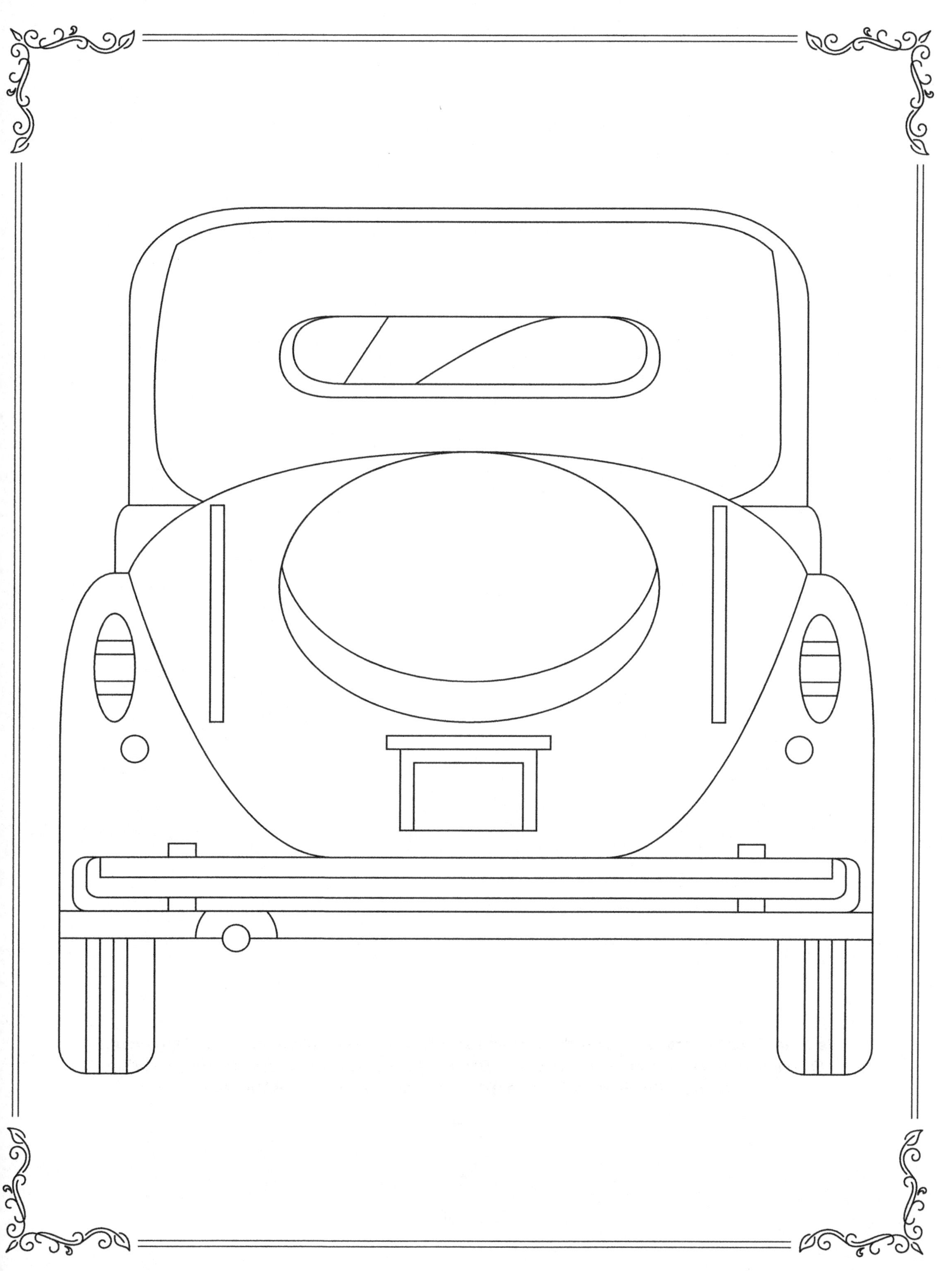

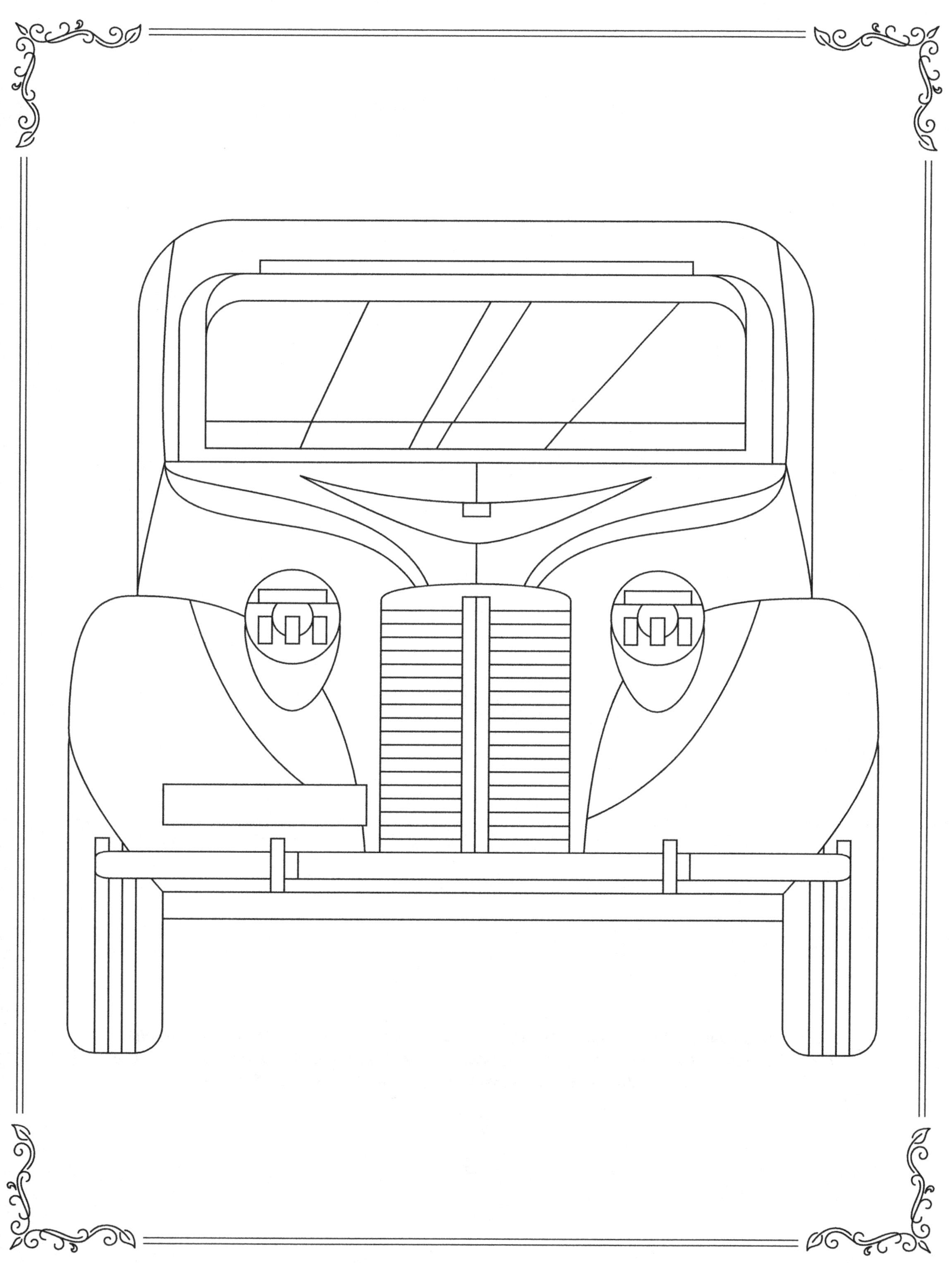

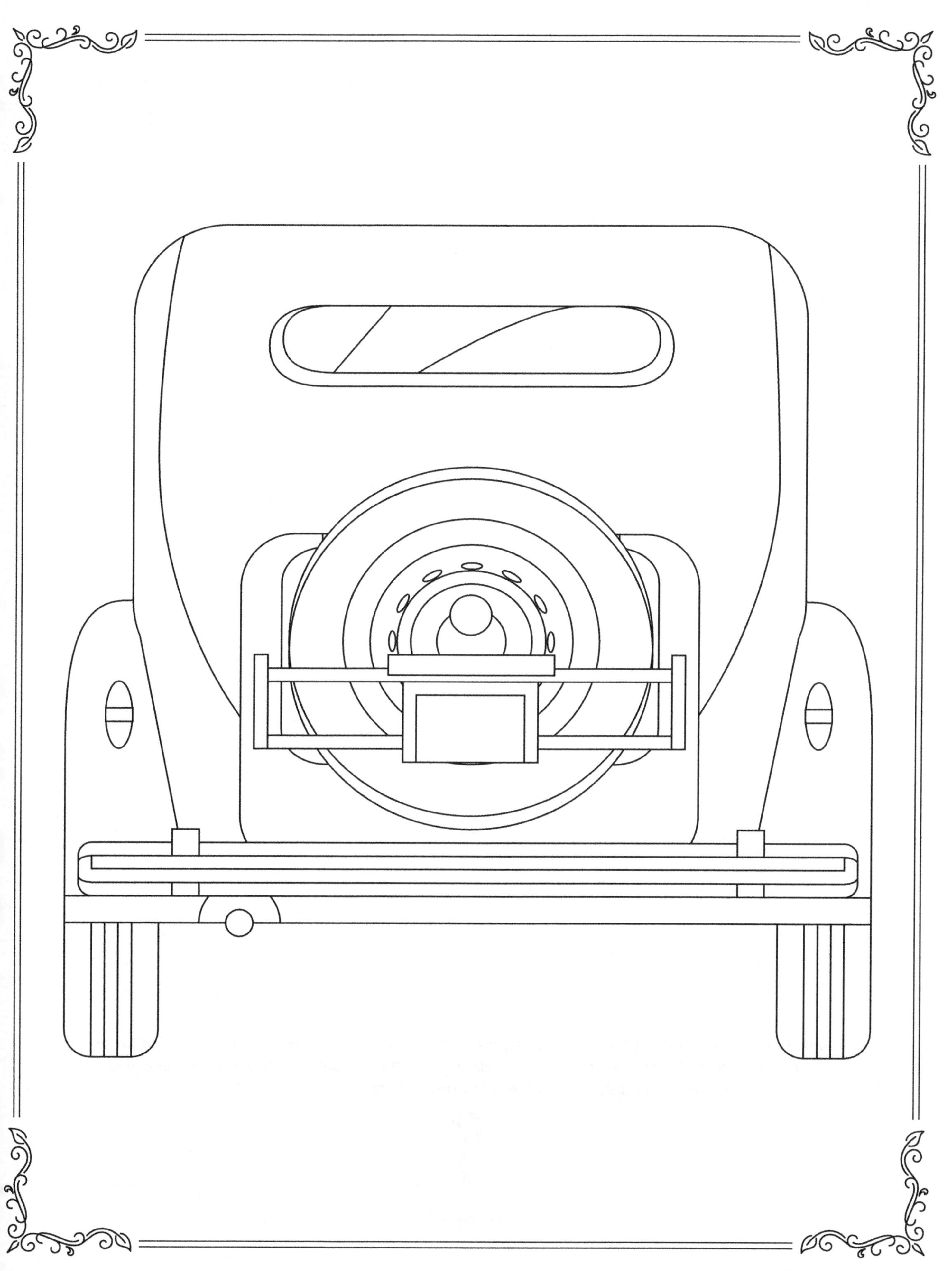

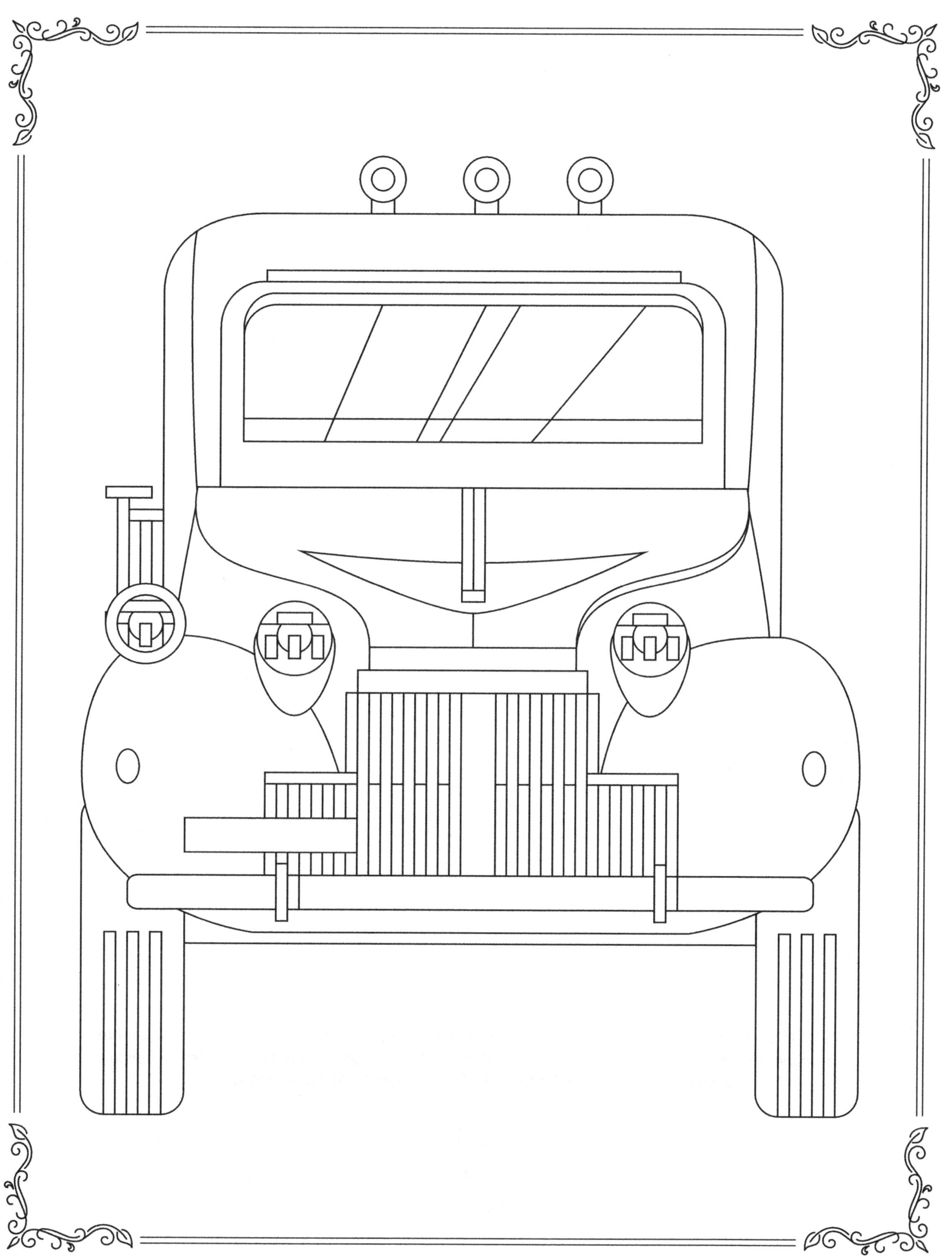

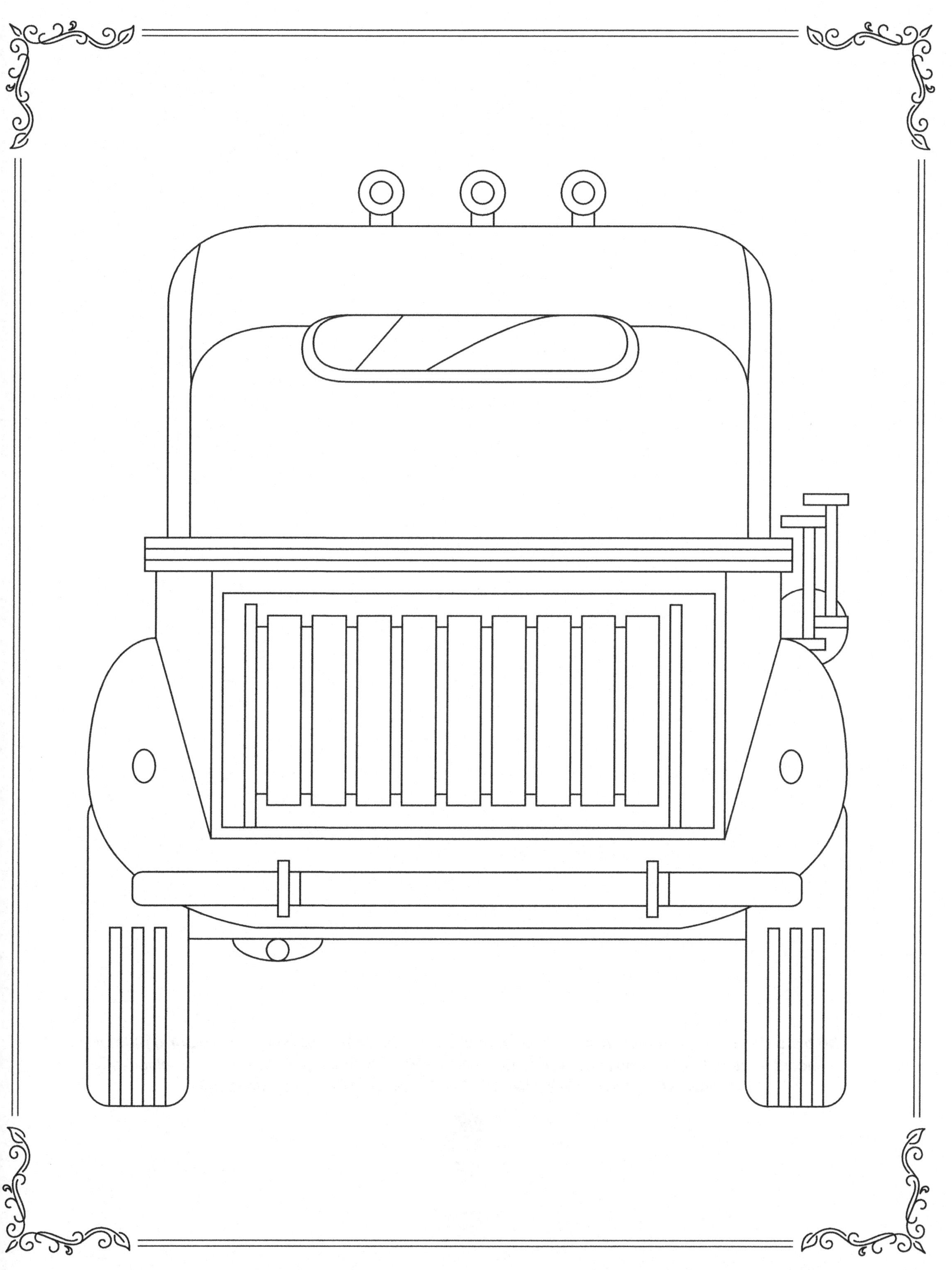

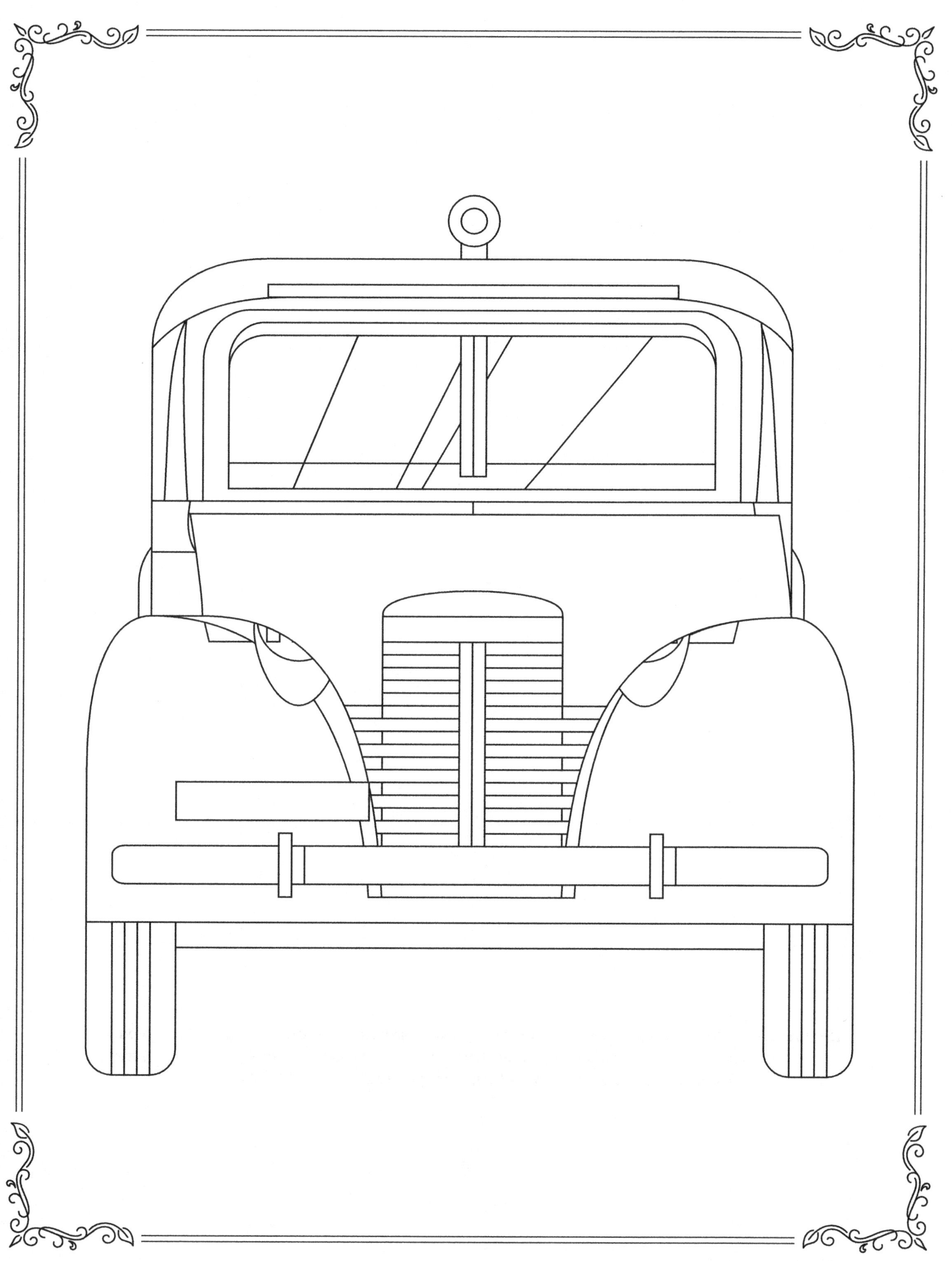

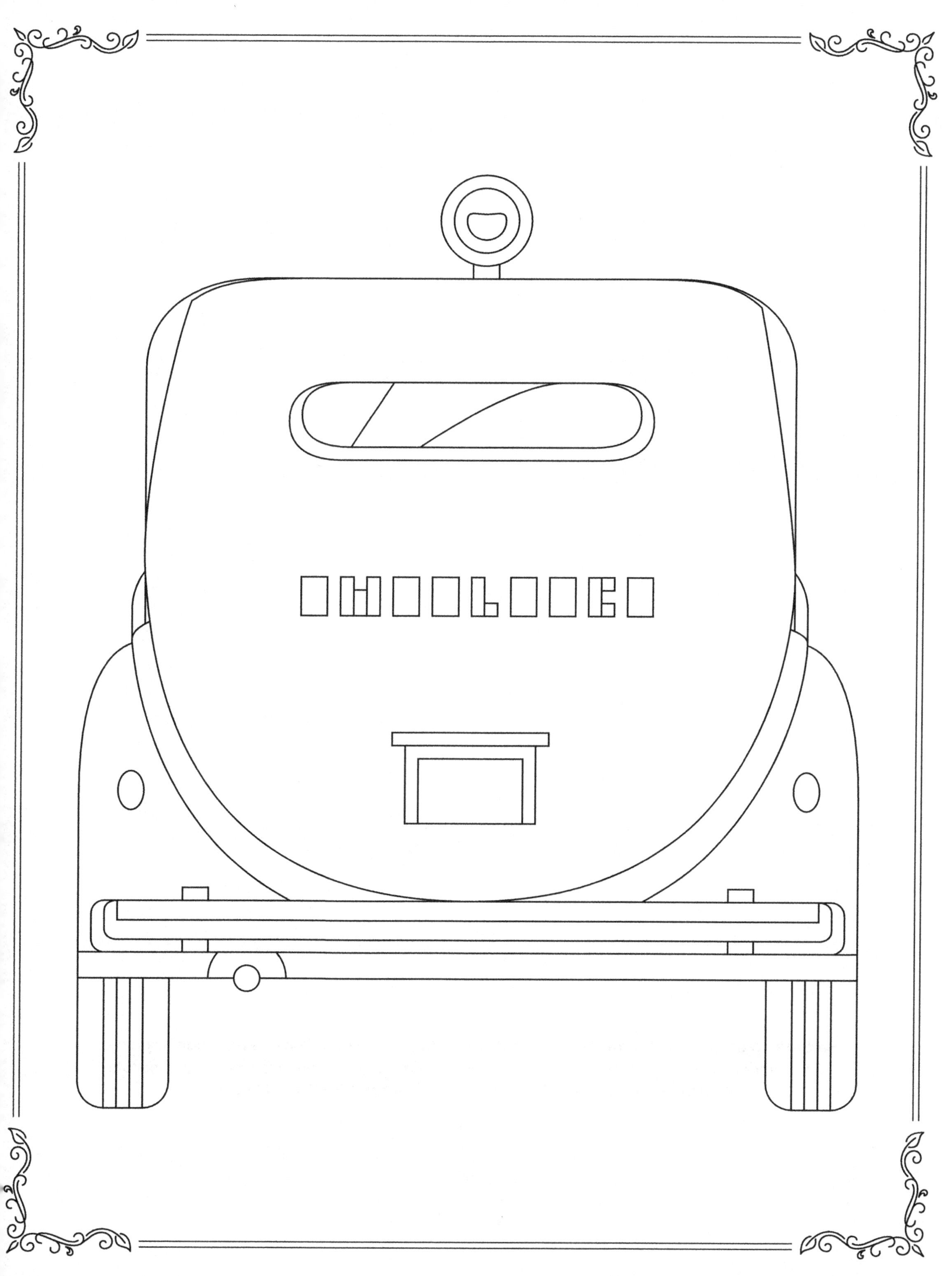

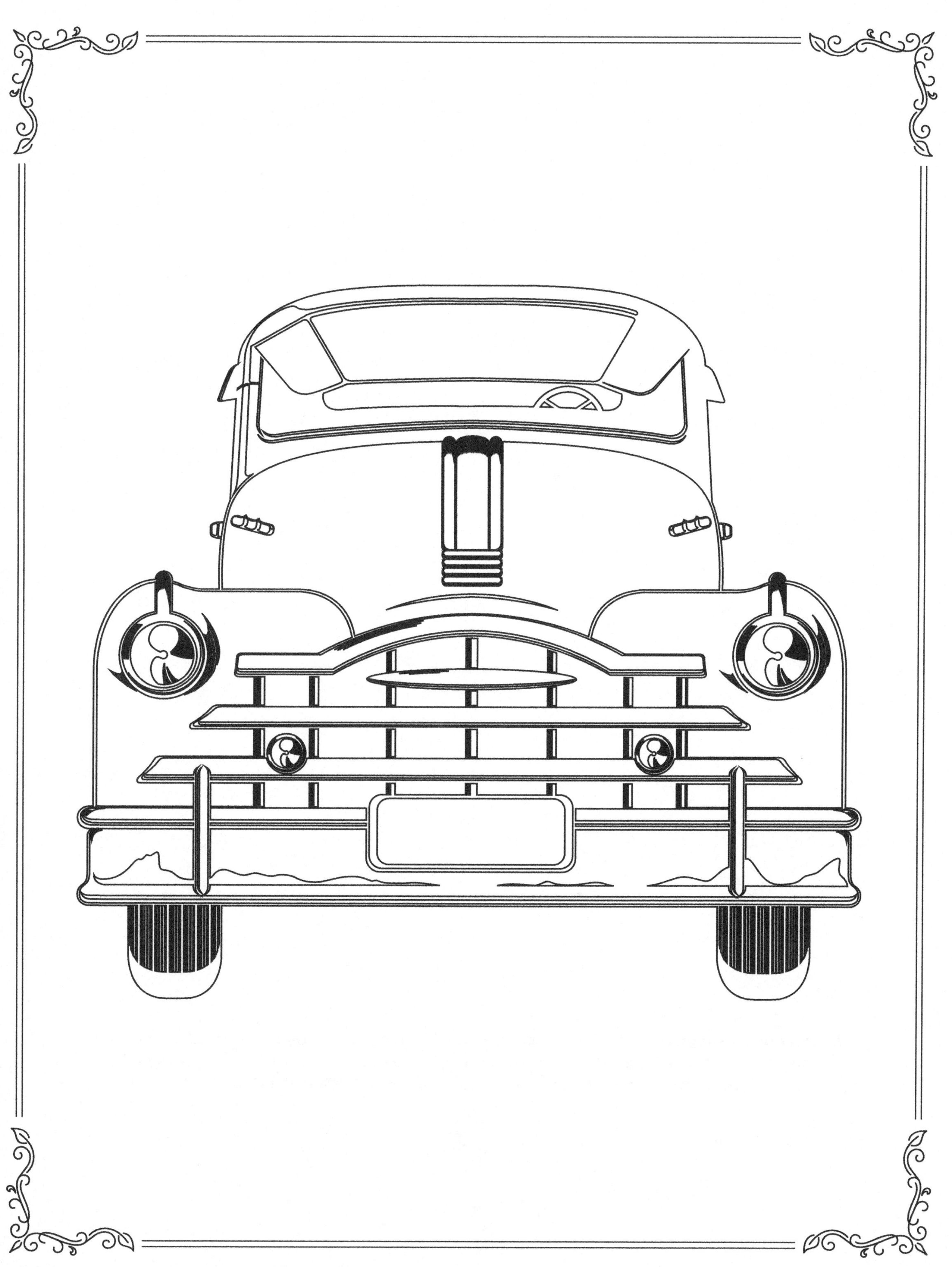

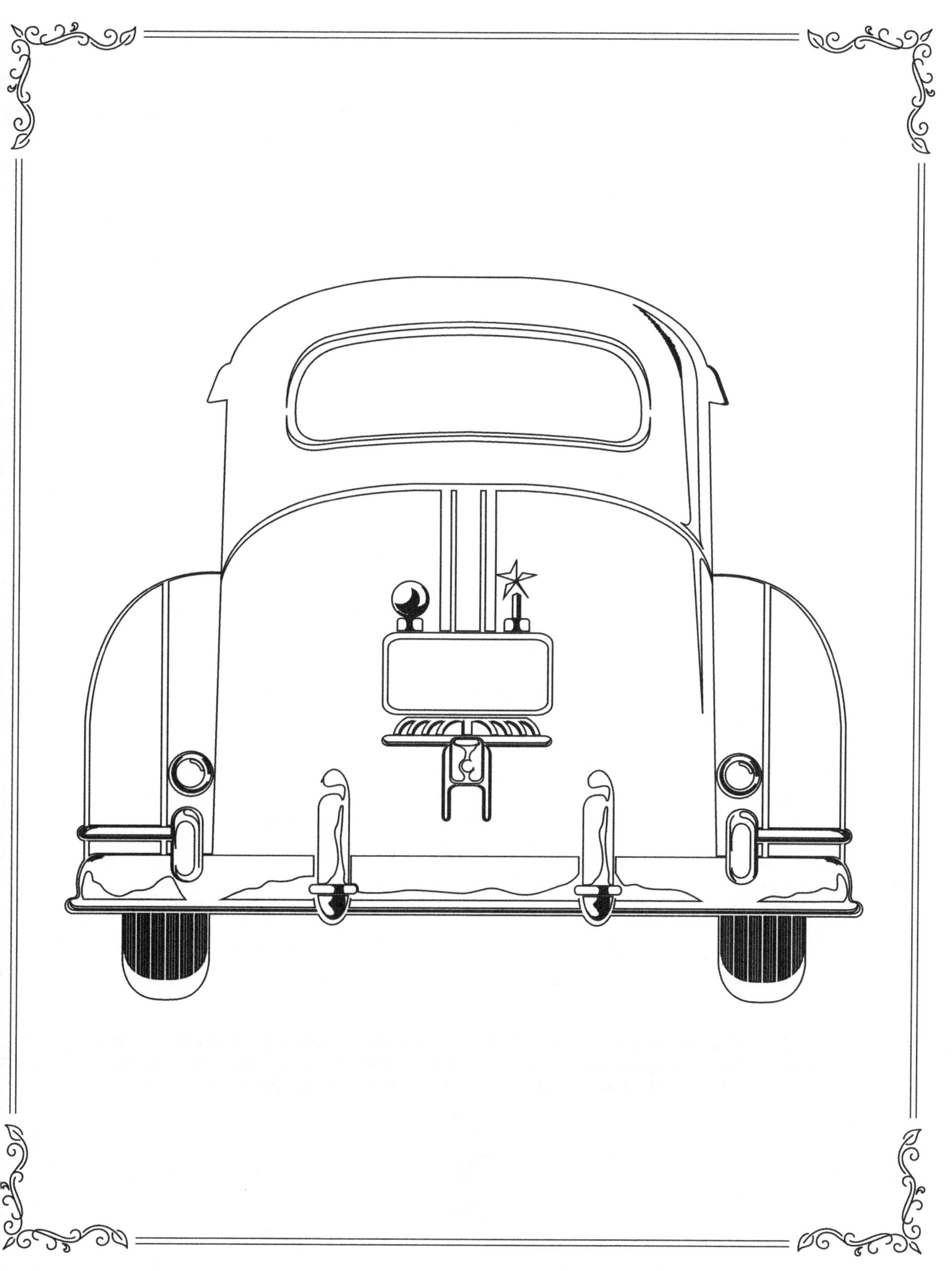

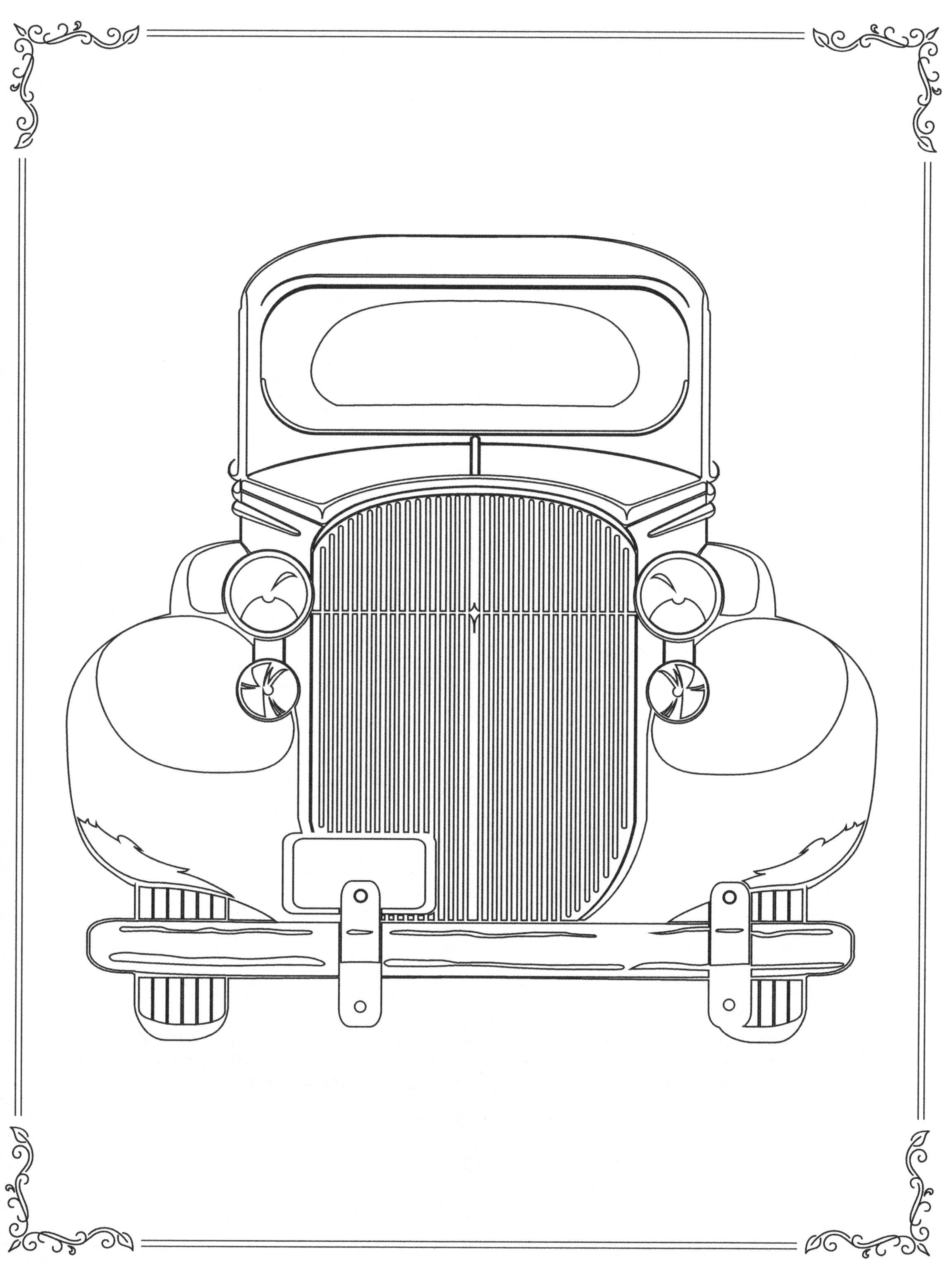

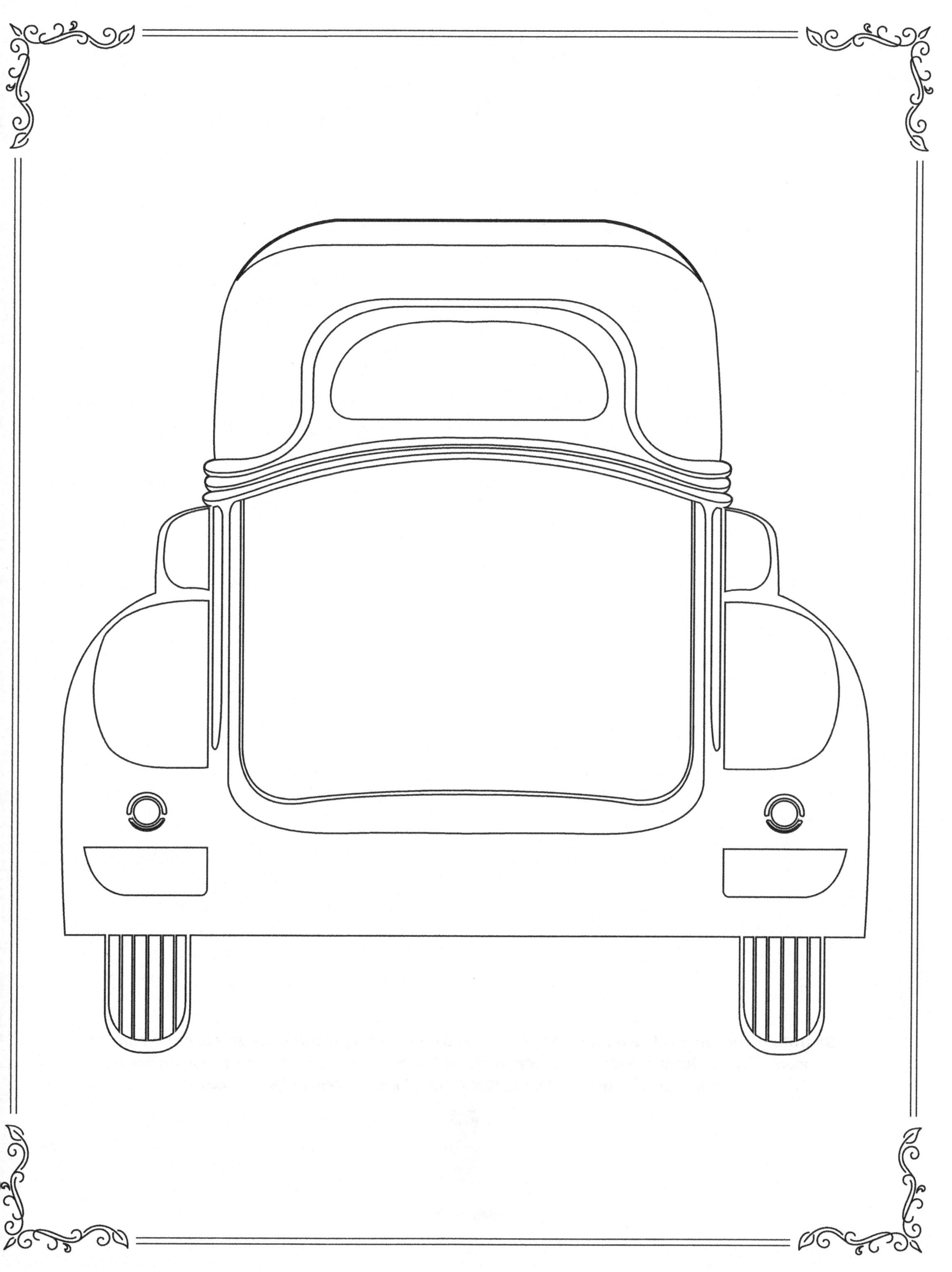

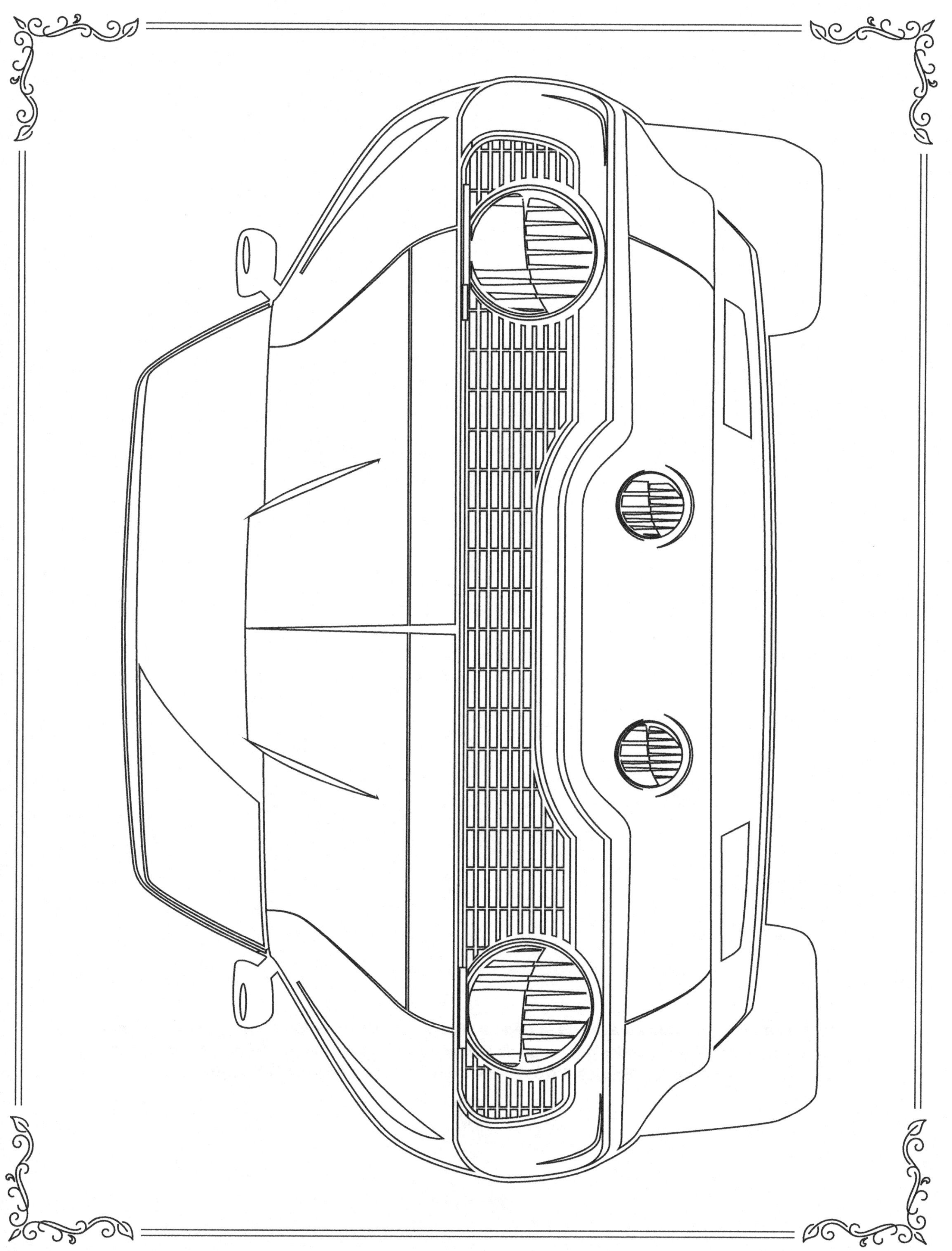

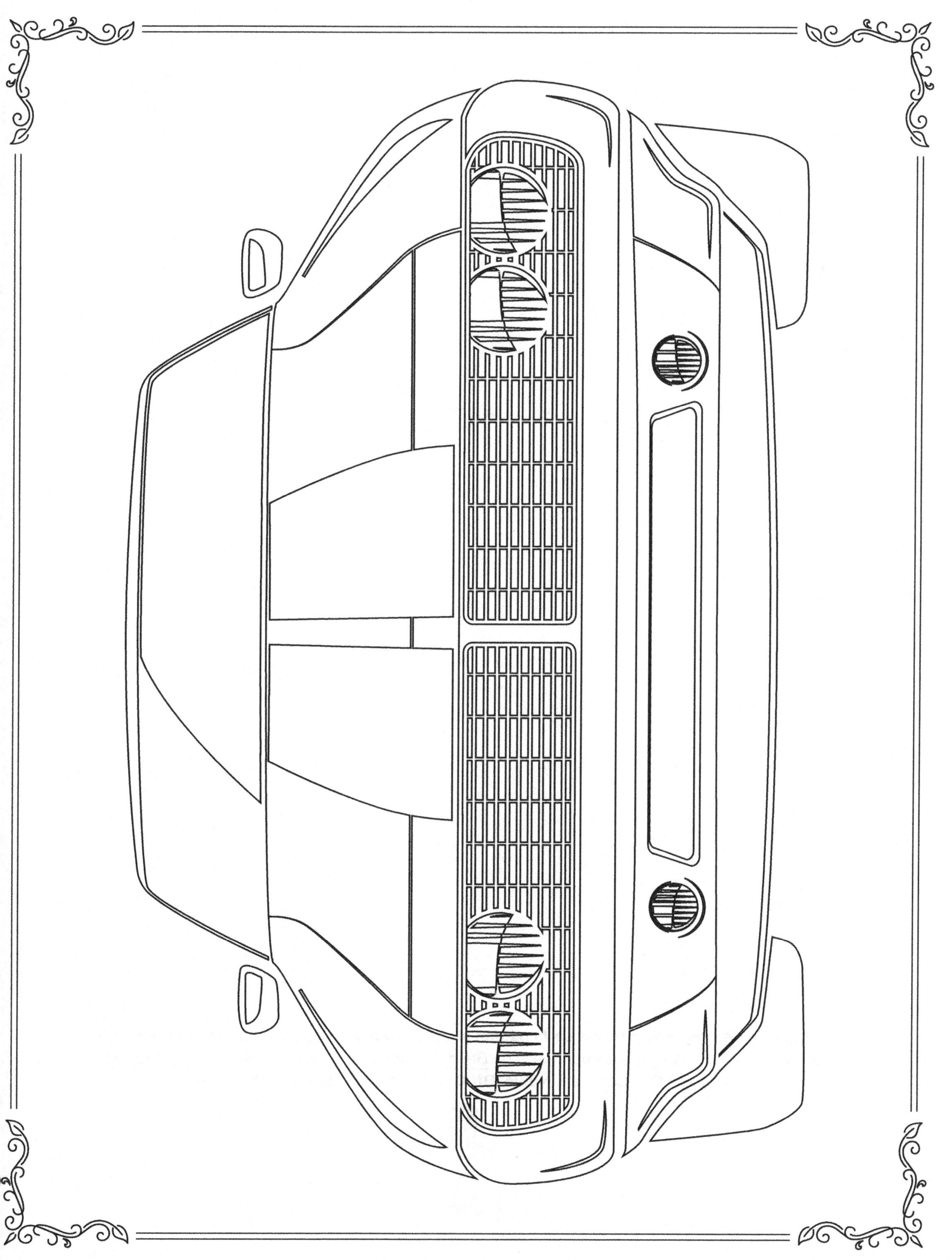

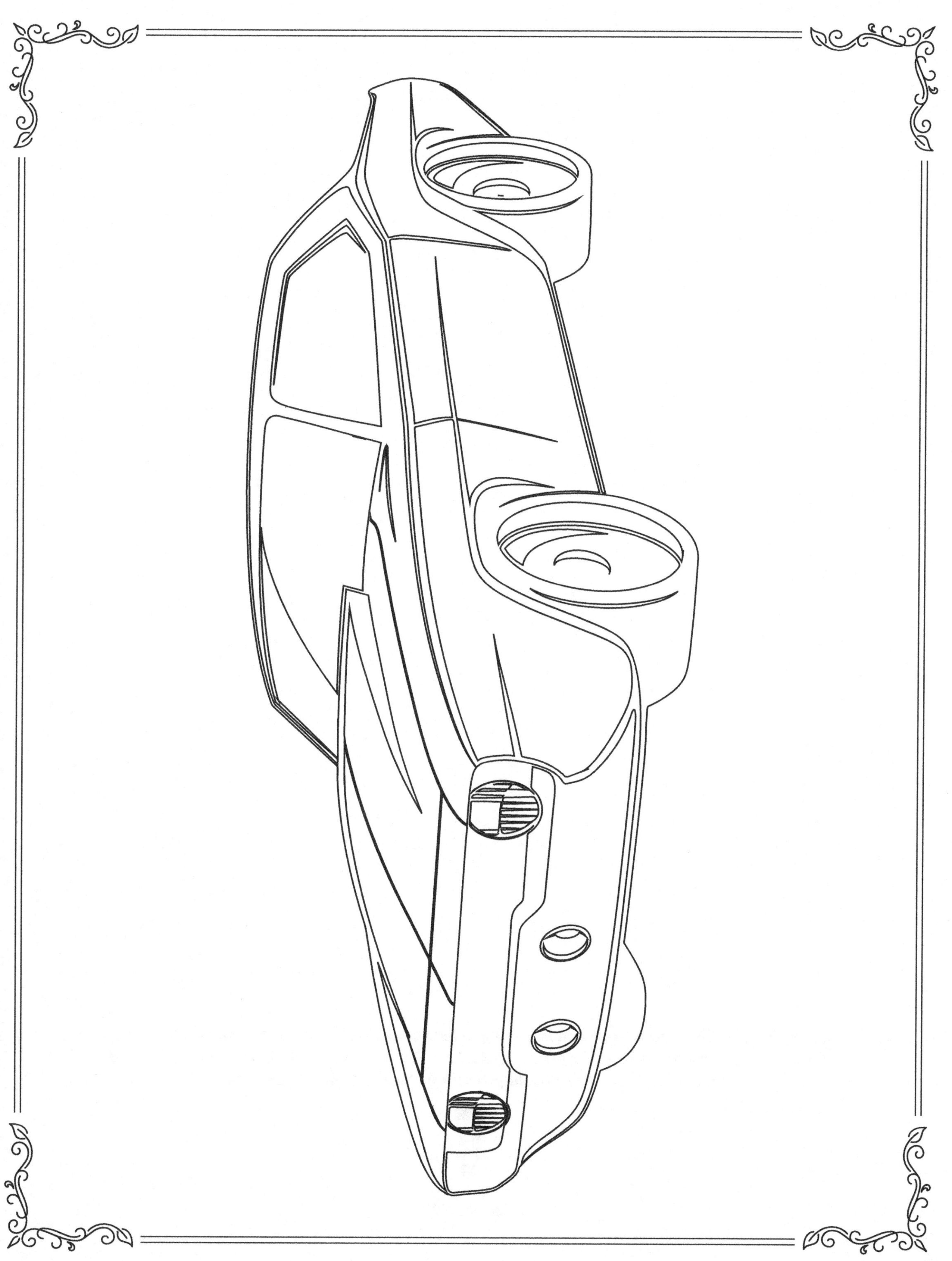

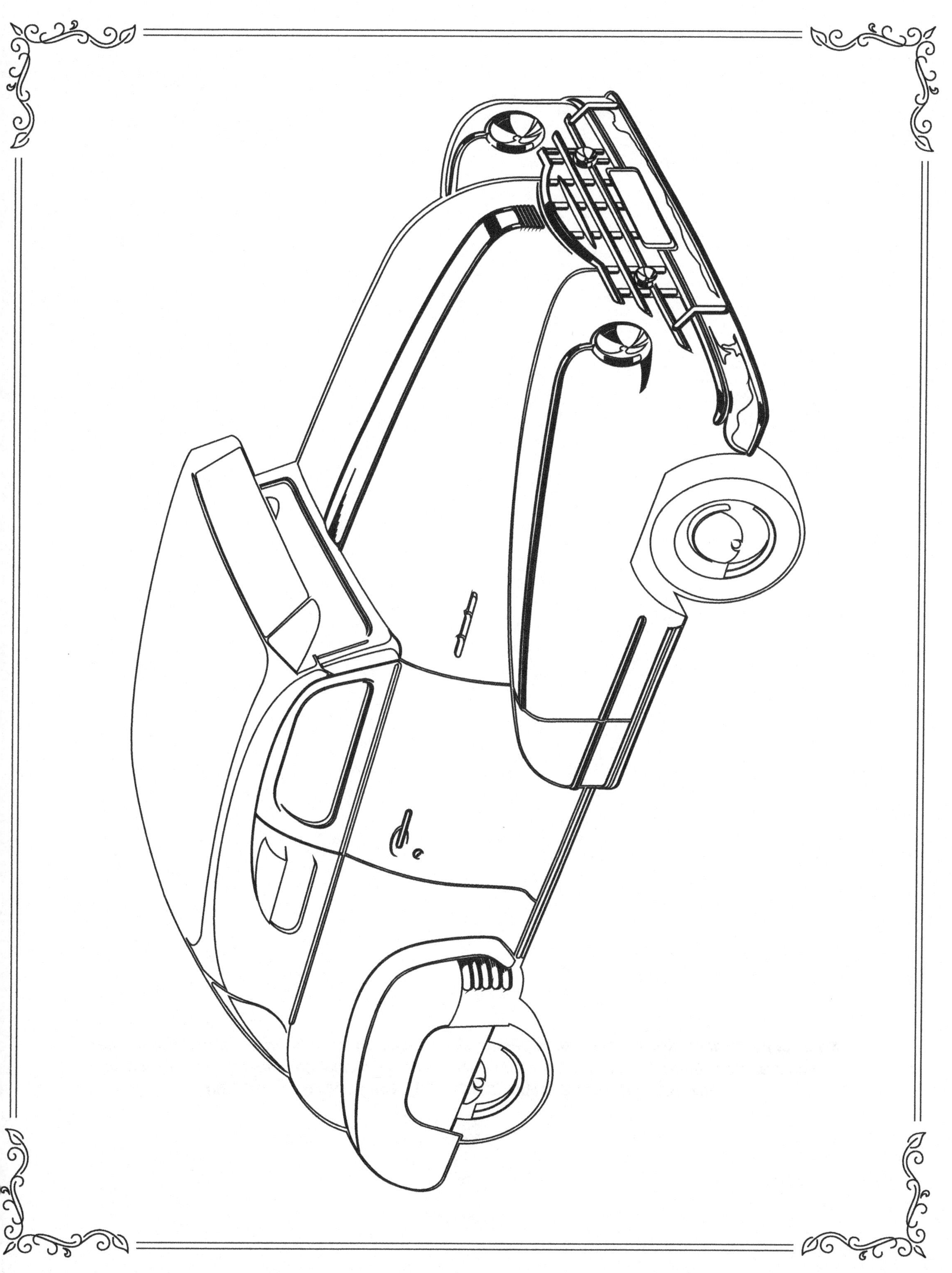

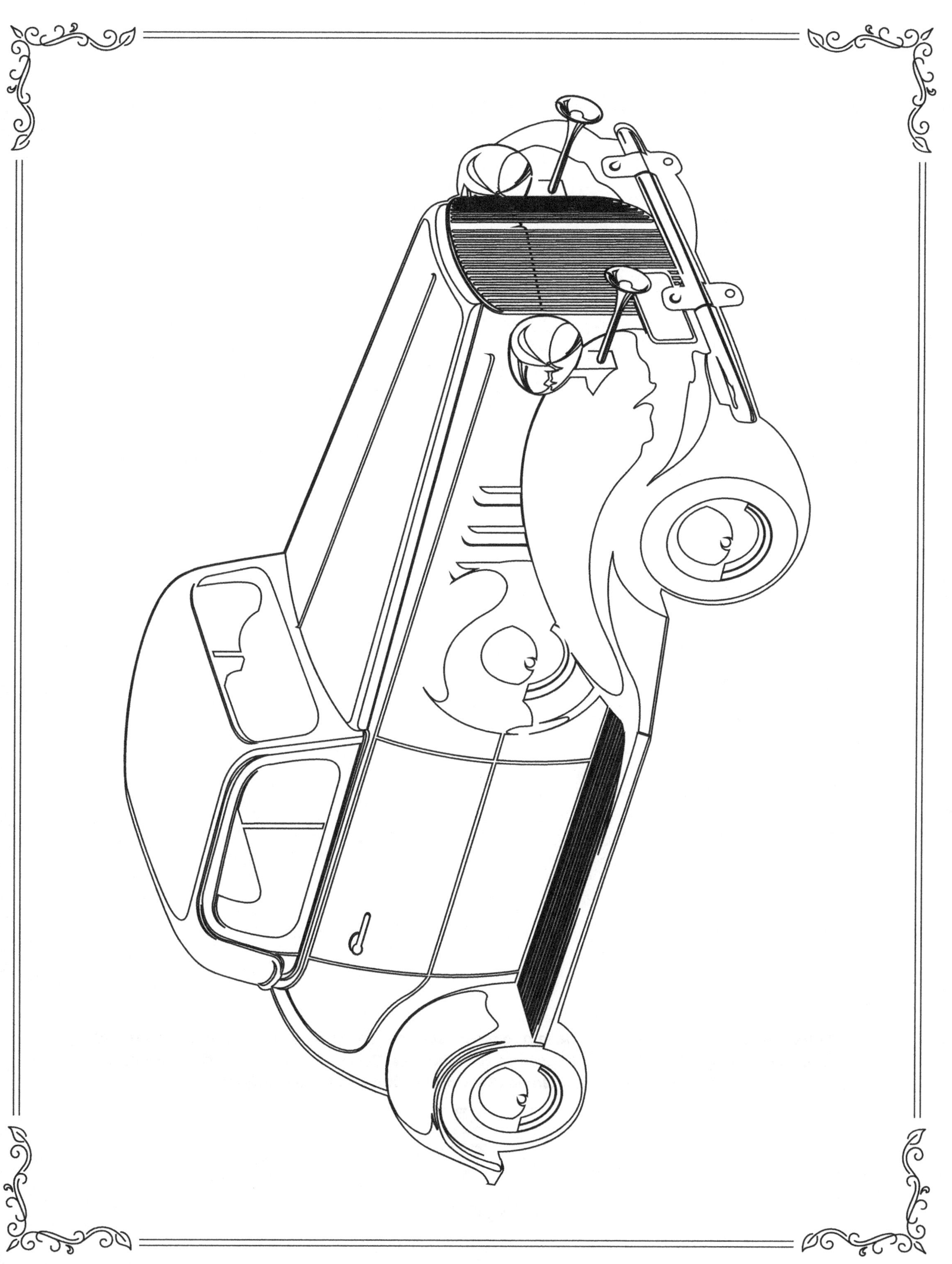

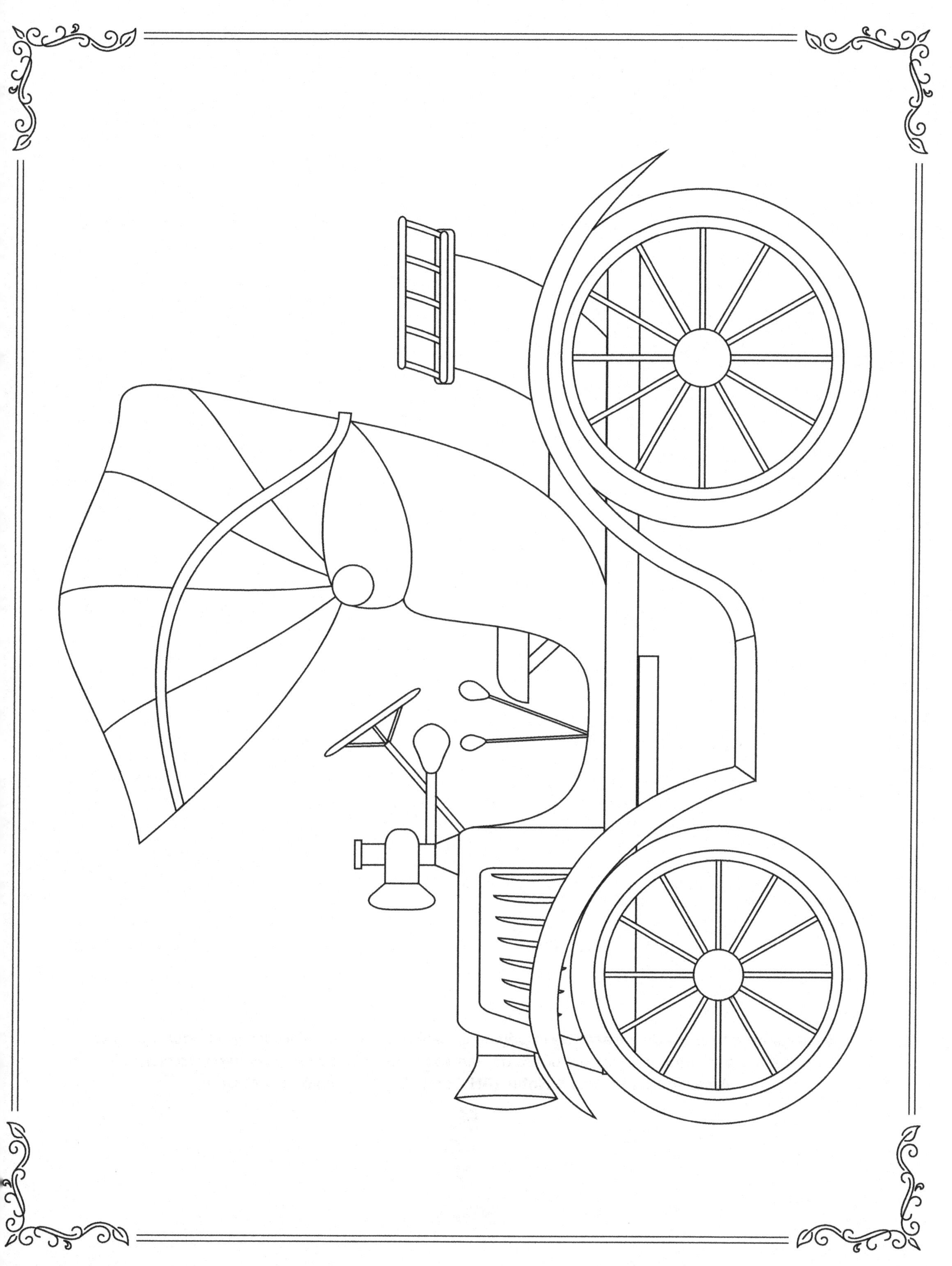

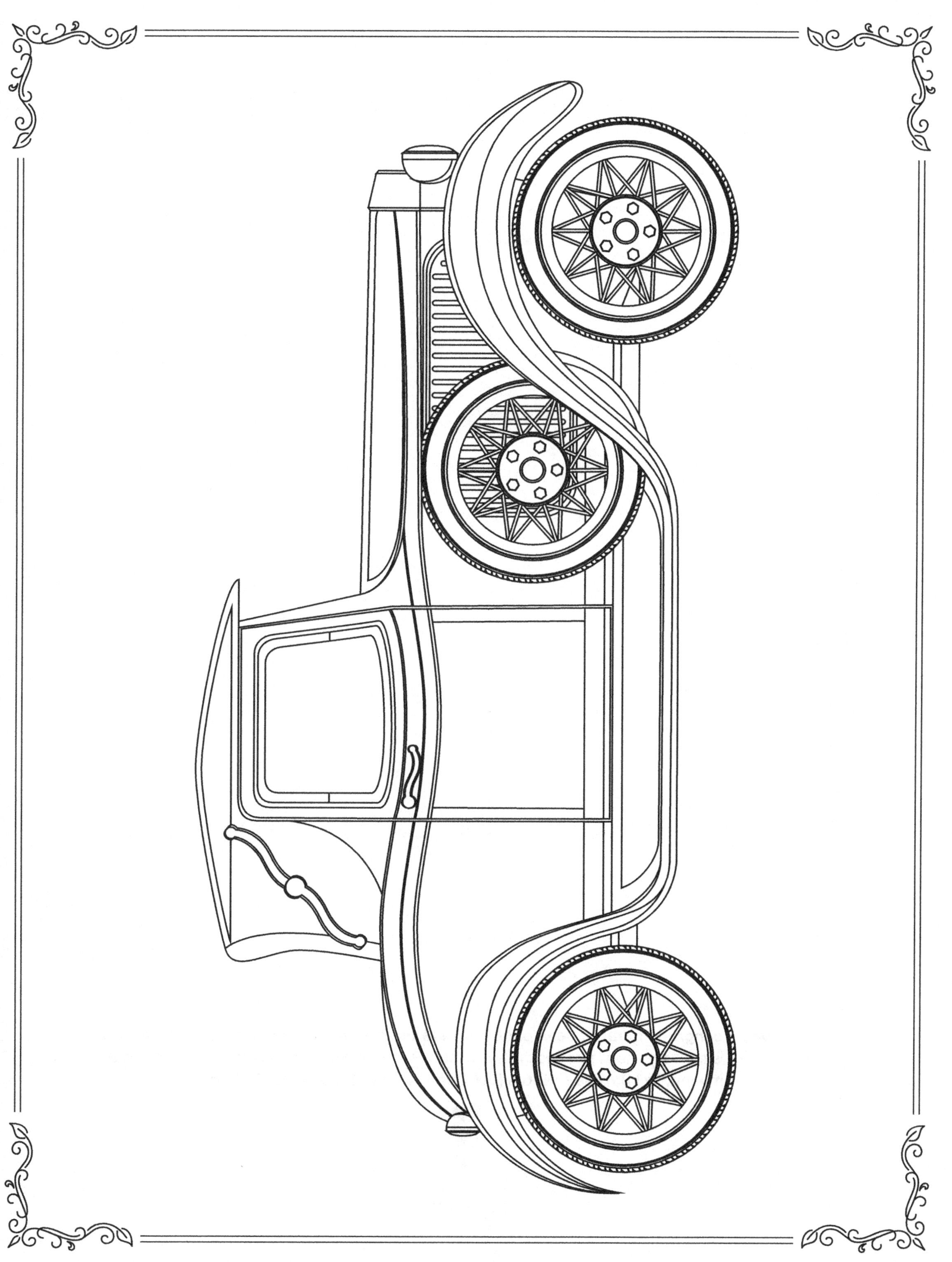

Se trata de un sangrado a través de la página si está usando un colorante marcador o pluma!
Encontrar otros títulos grandes por busca de <u>Bandido Para Colorear</u> en tu favorito libro minorista
Amazon.Ca | Barnes & Noble (BN.Com) | Libros 1 Millón (BAM.Com)

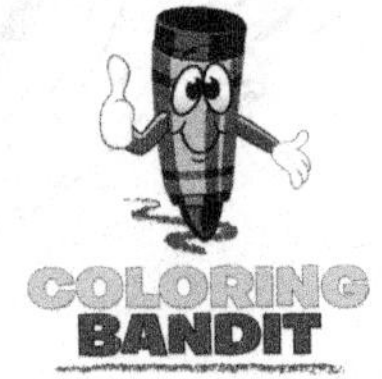

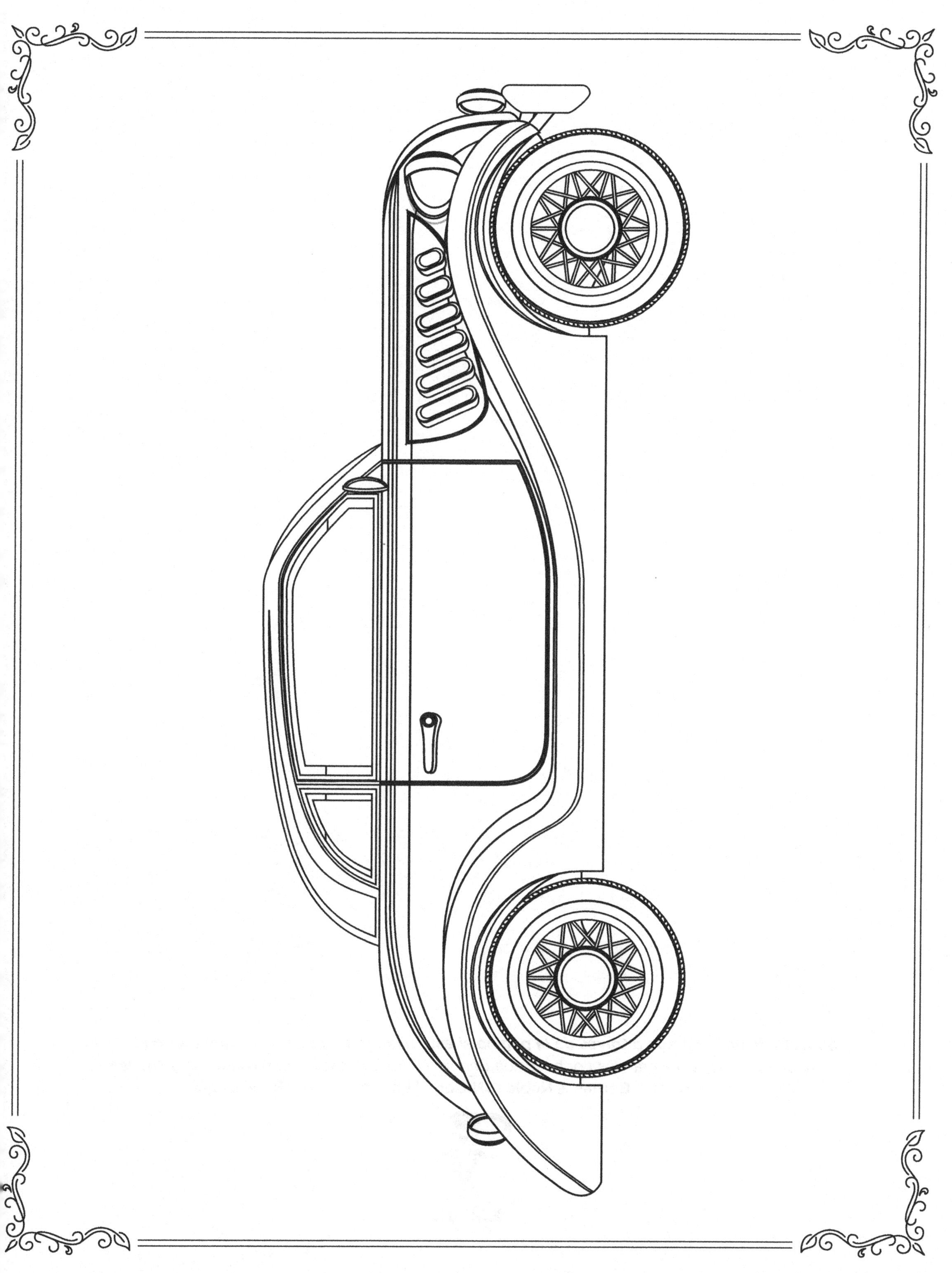

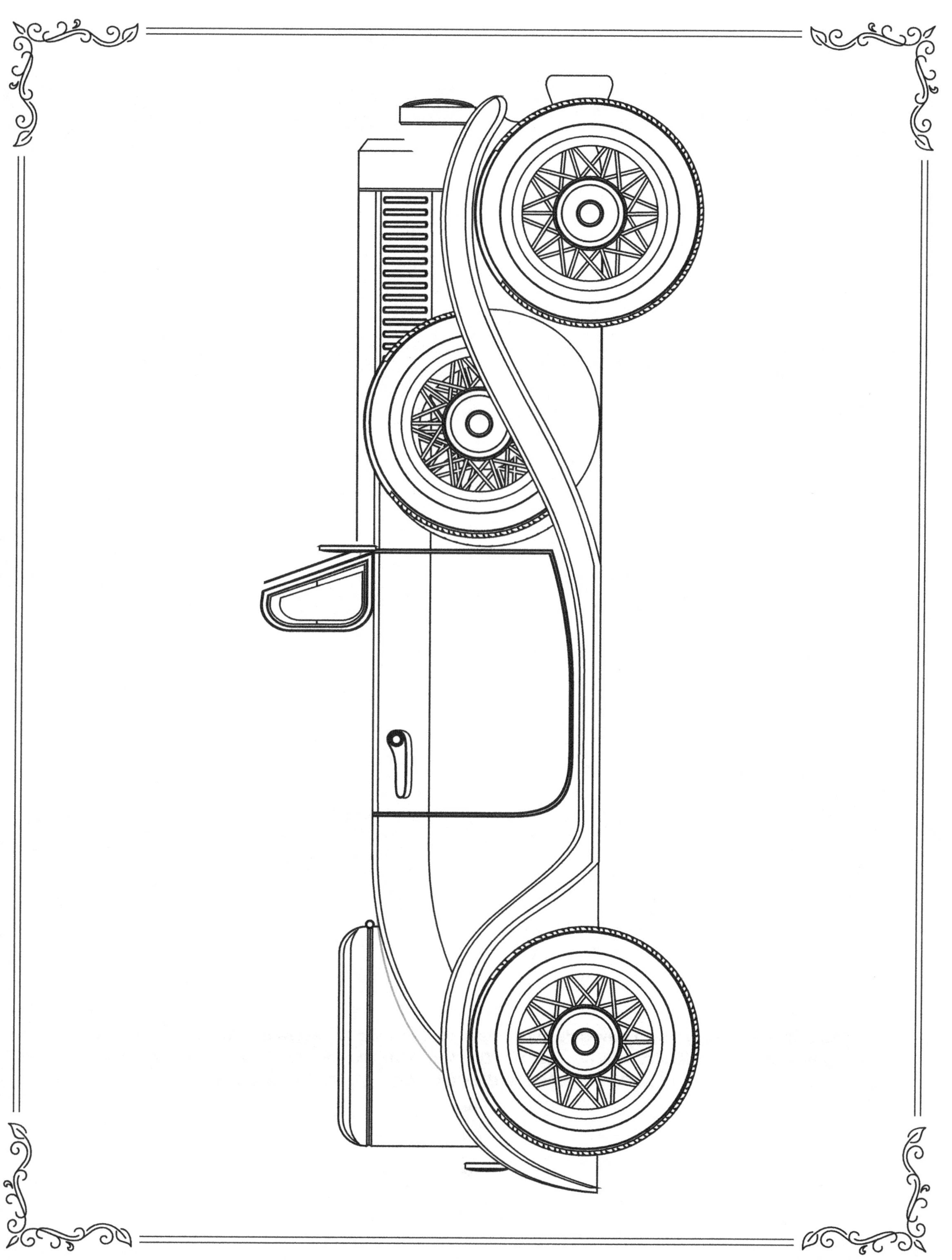

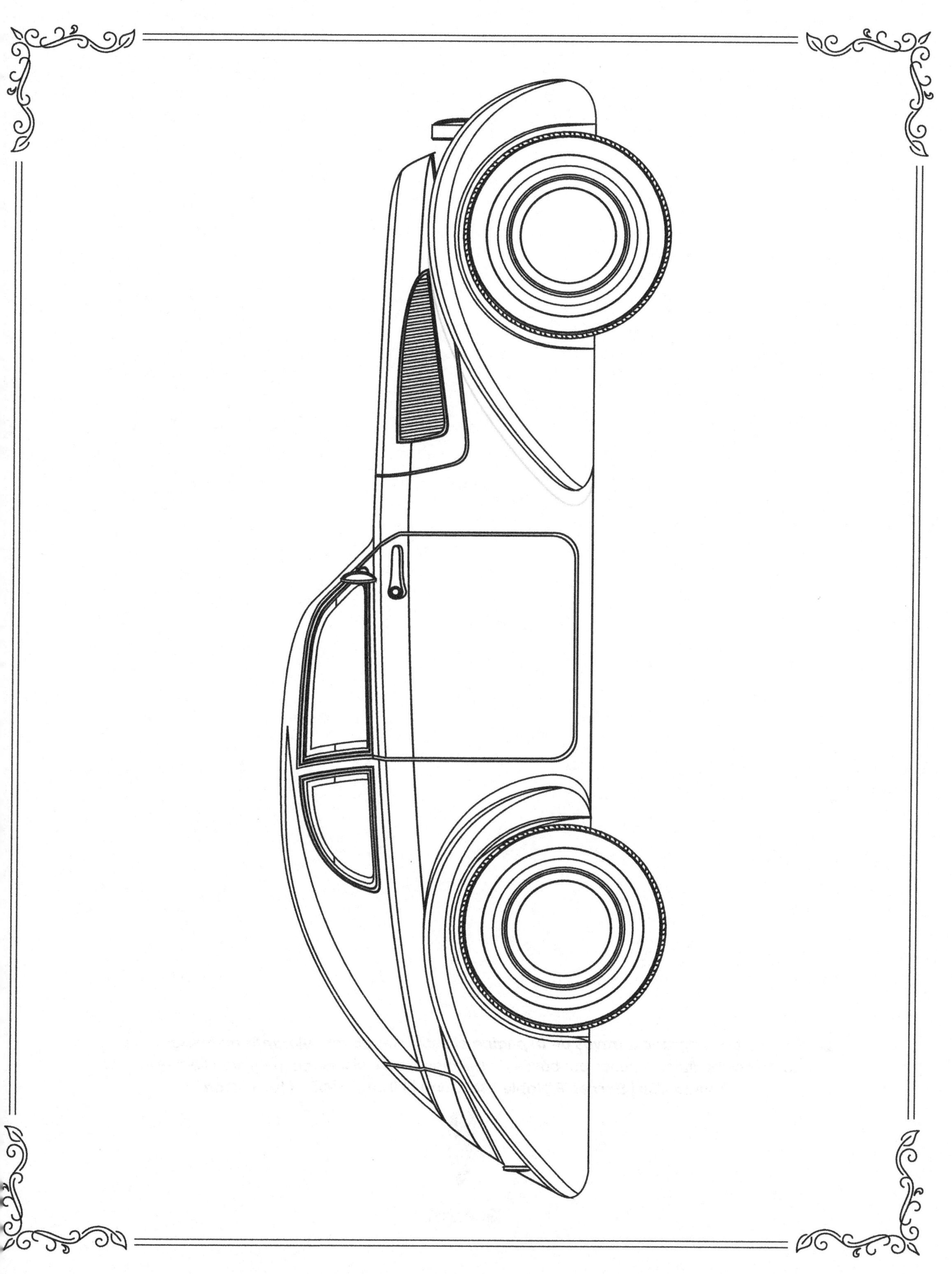

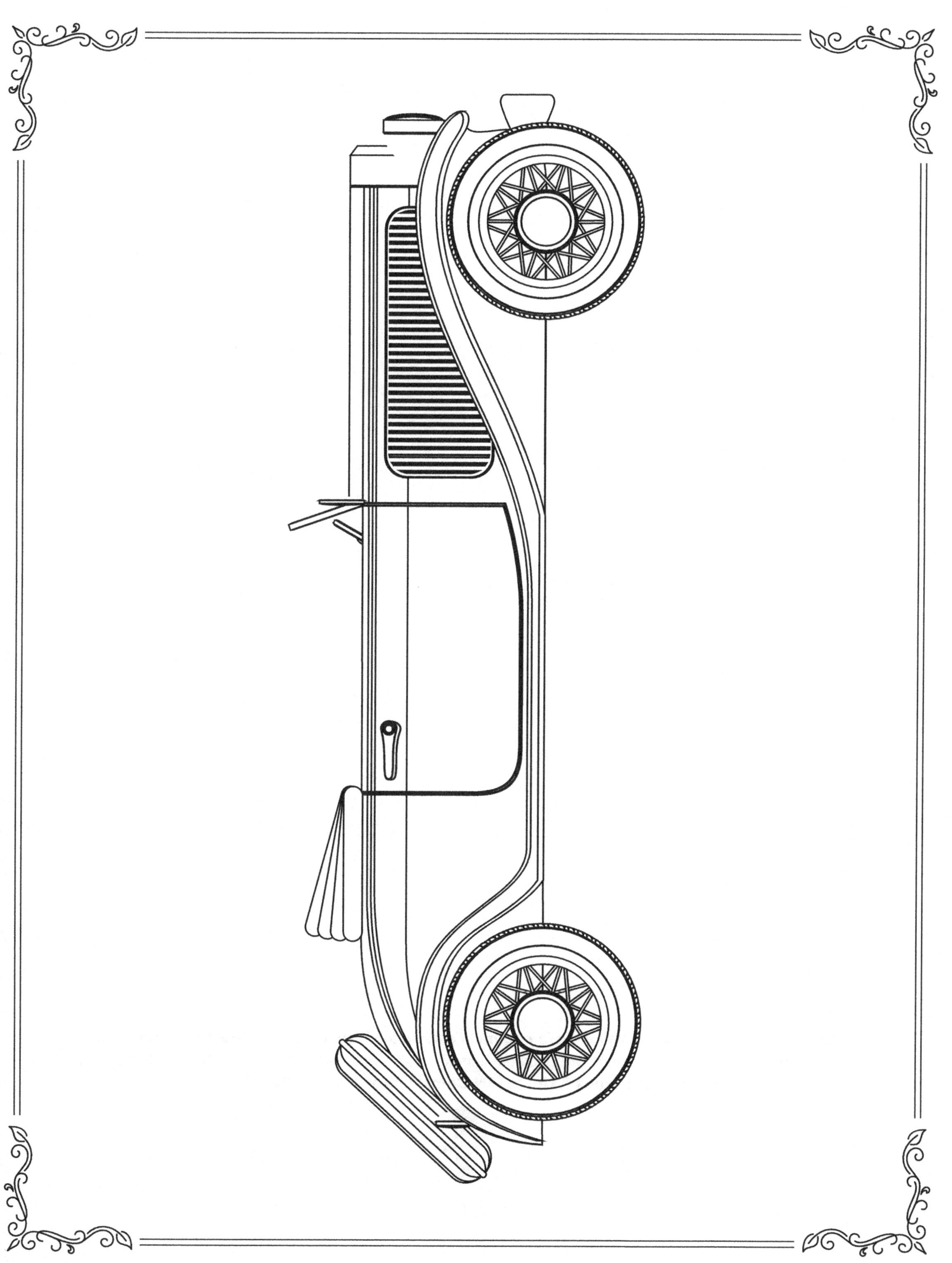

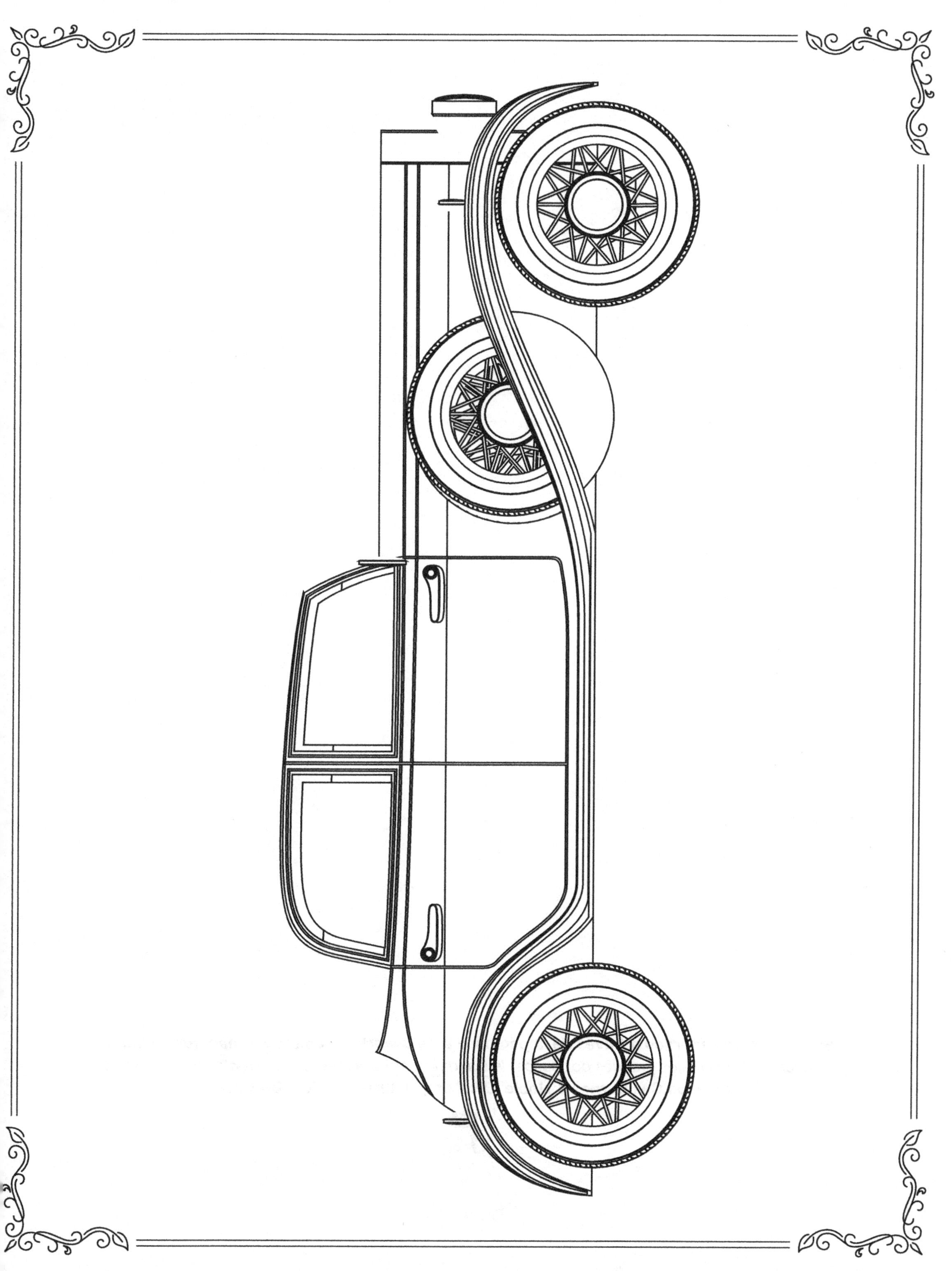

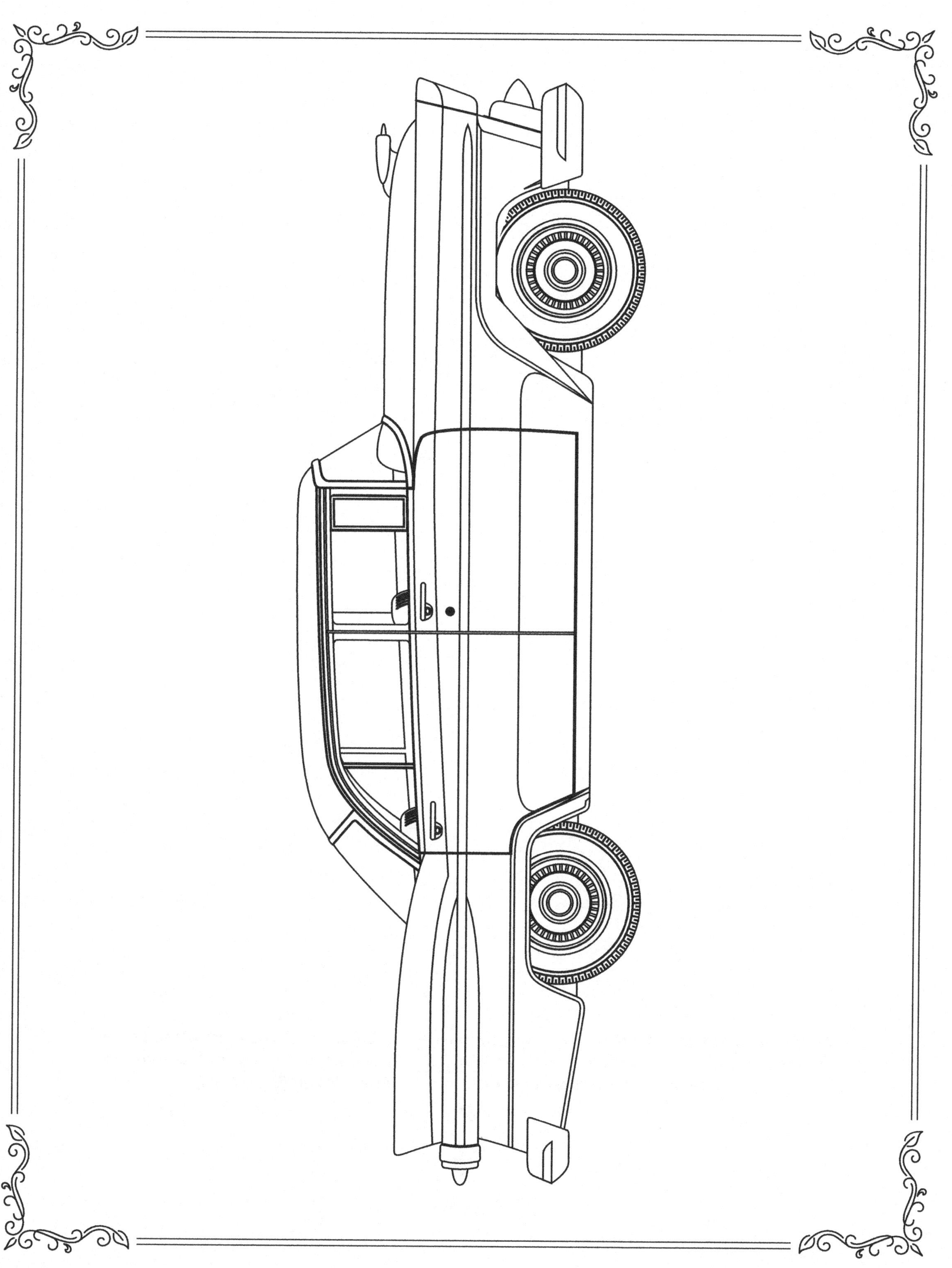

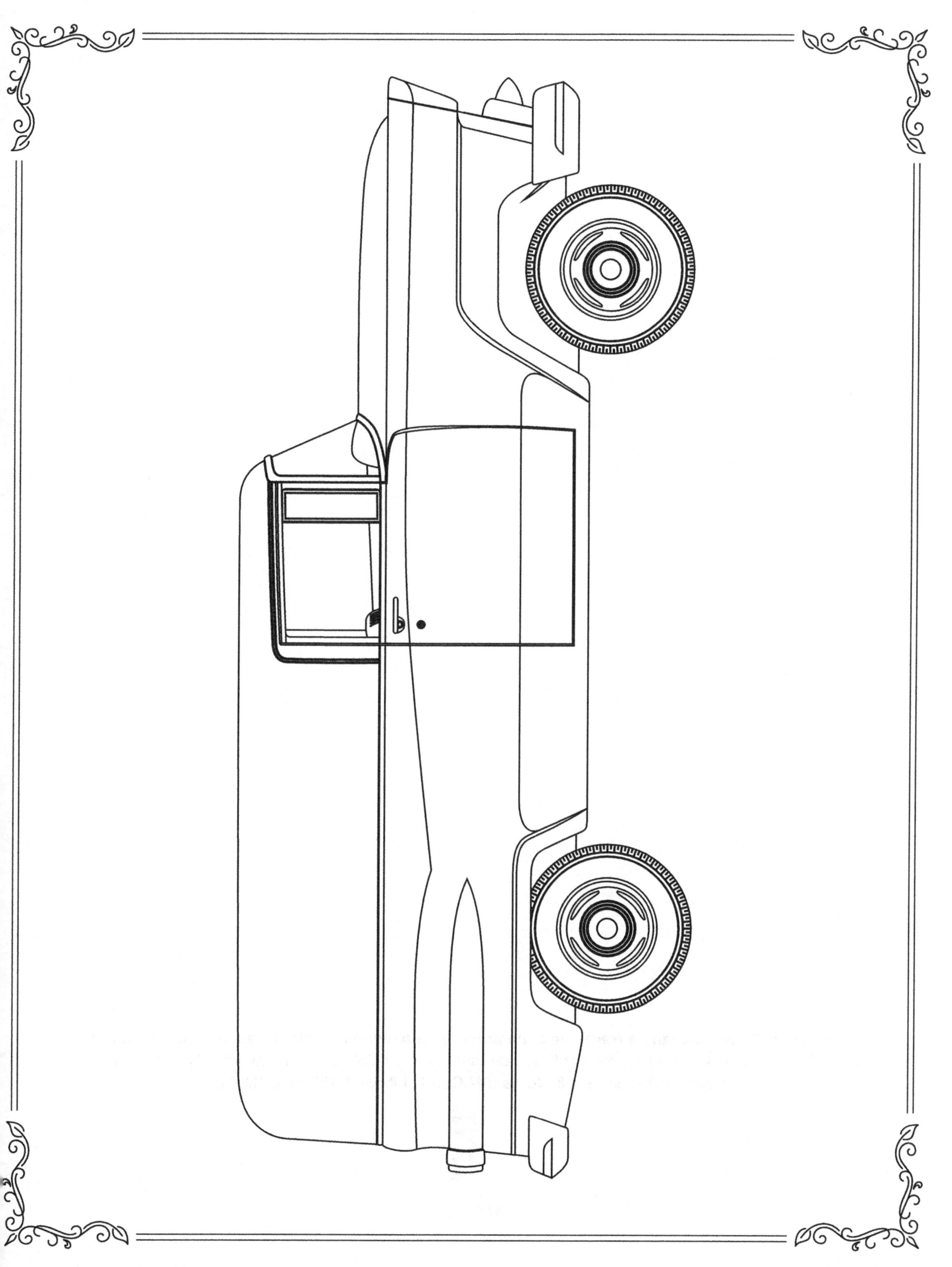

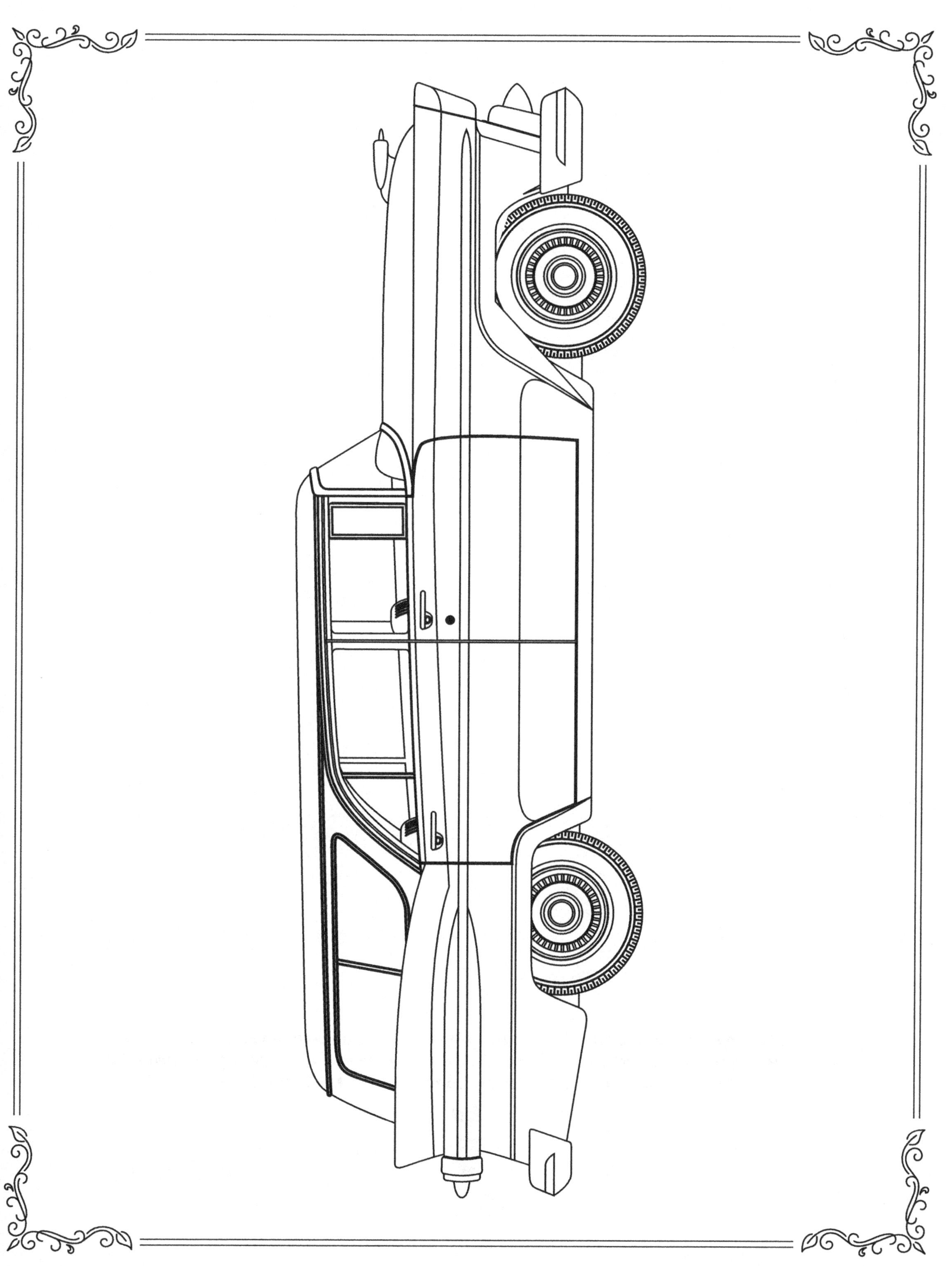

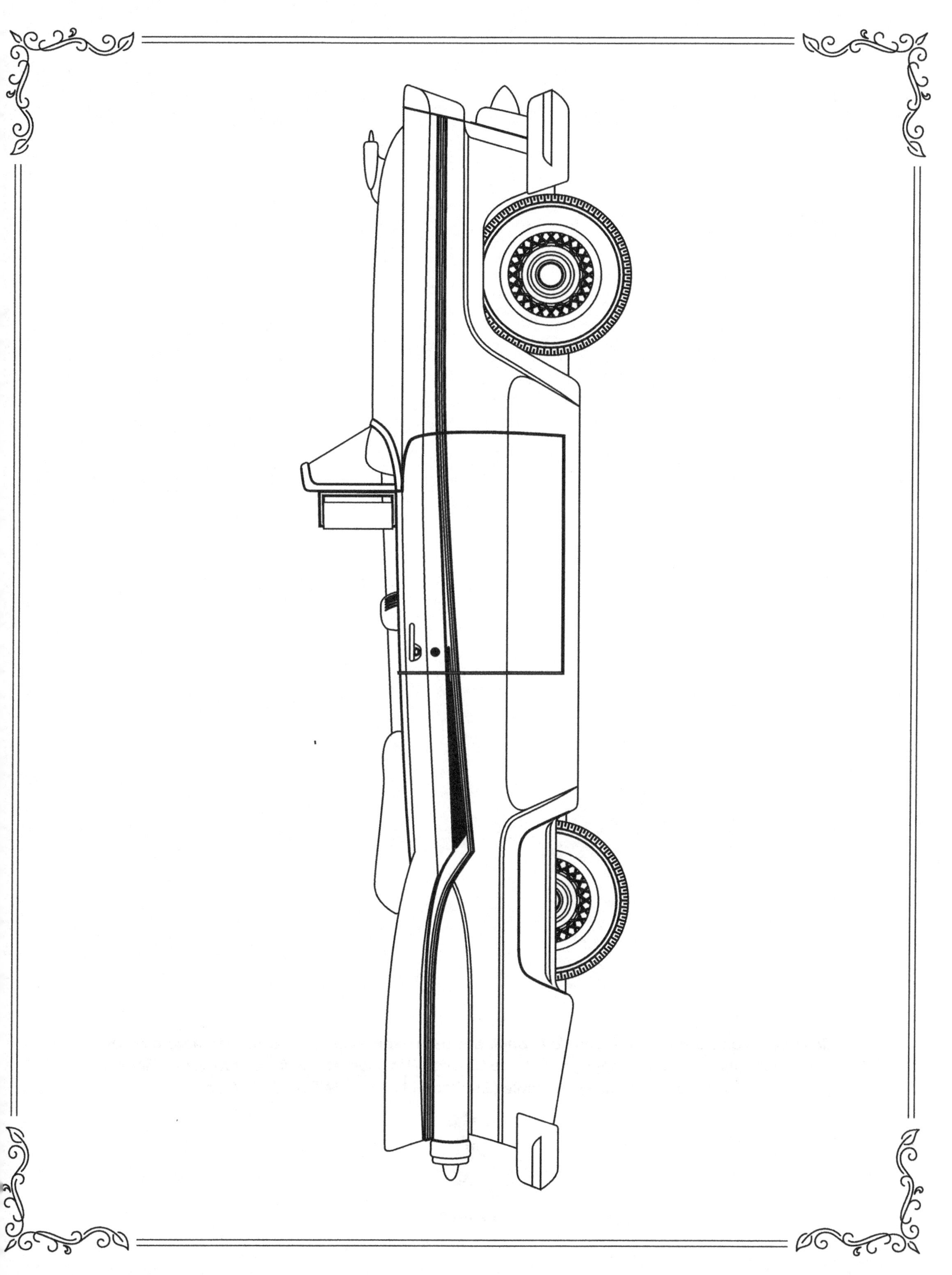

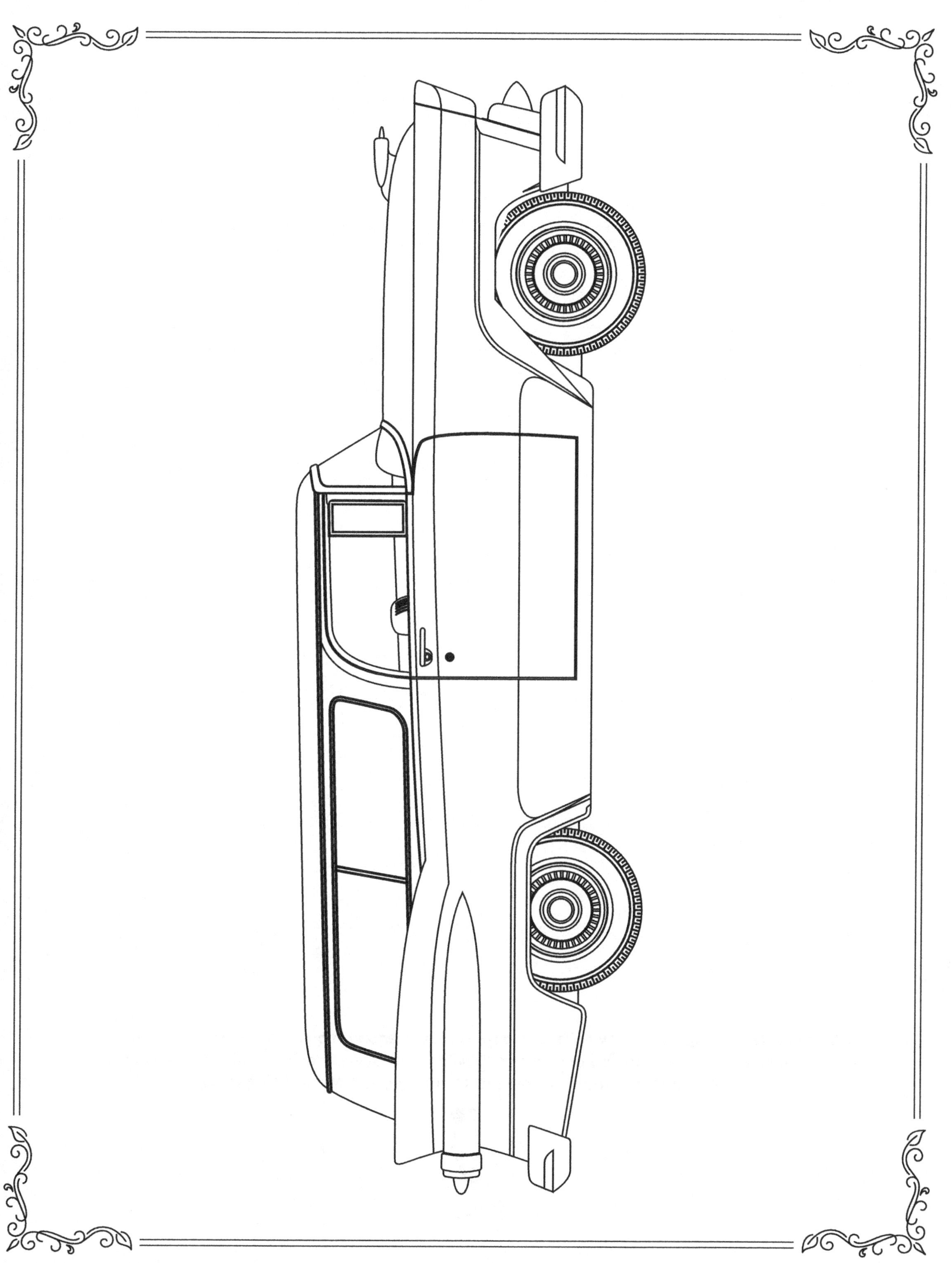

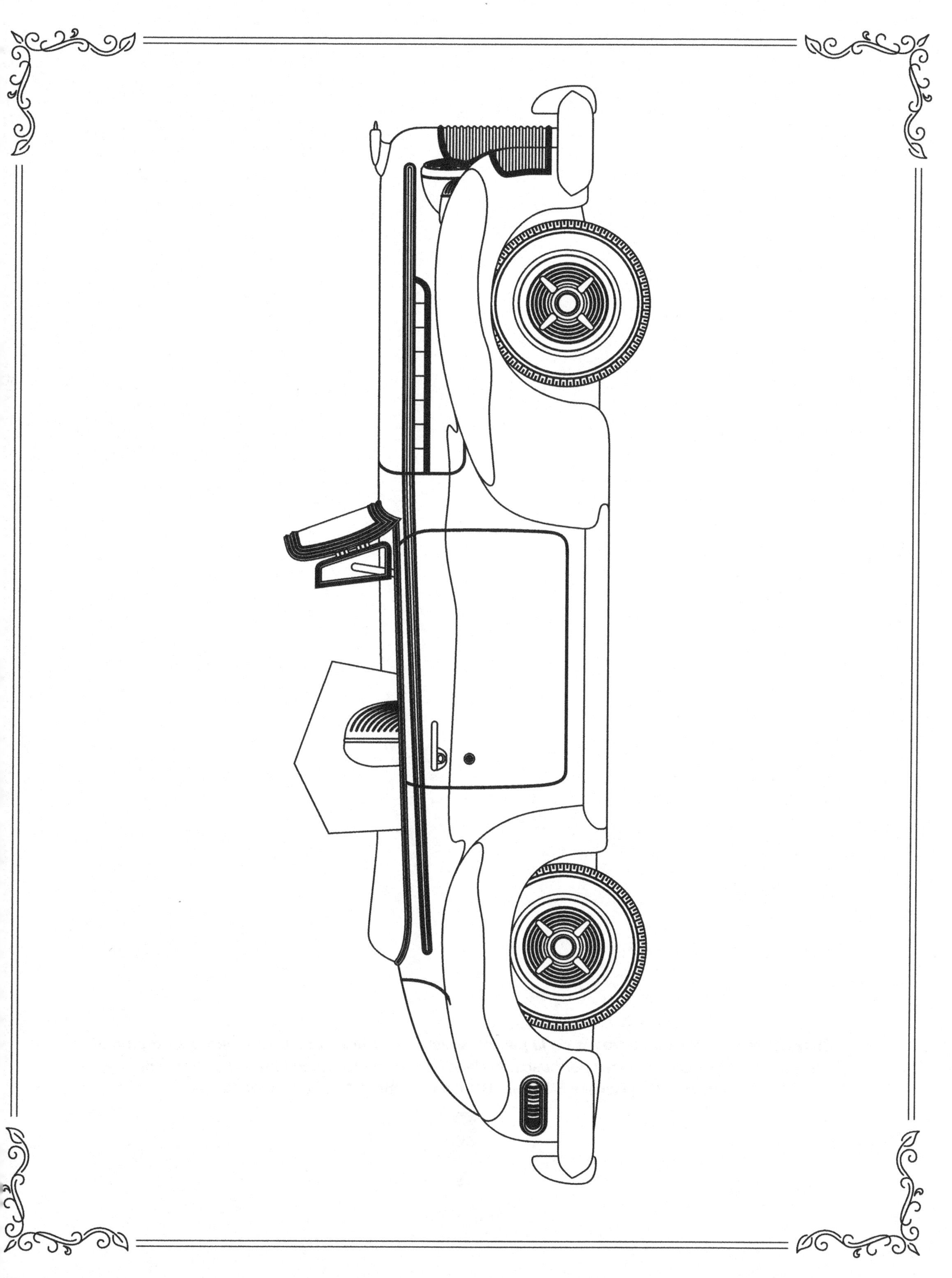

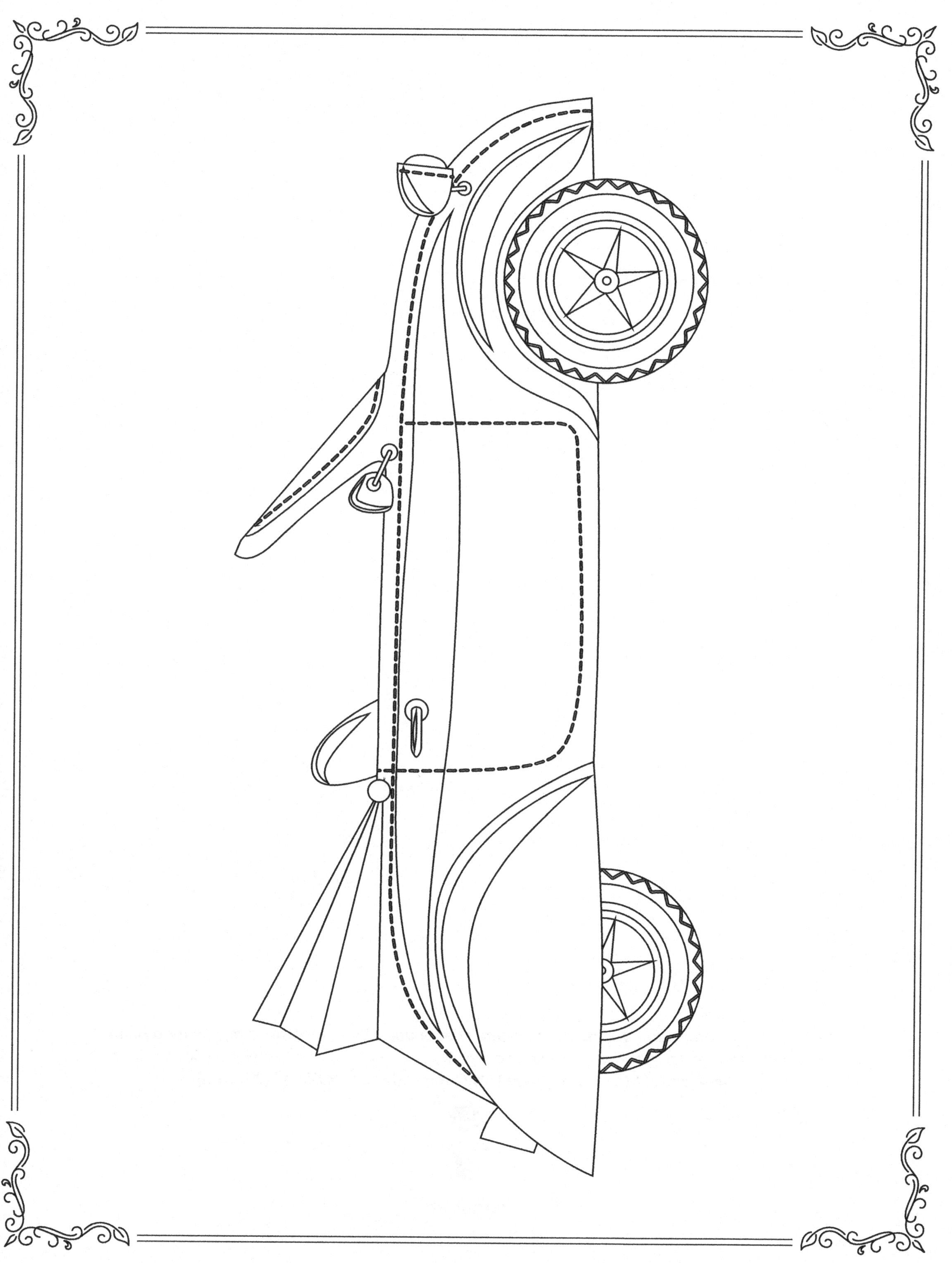

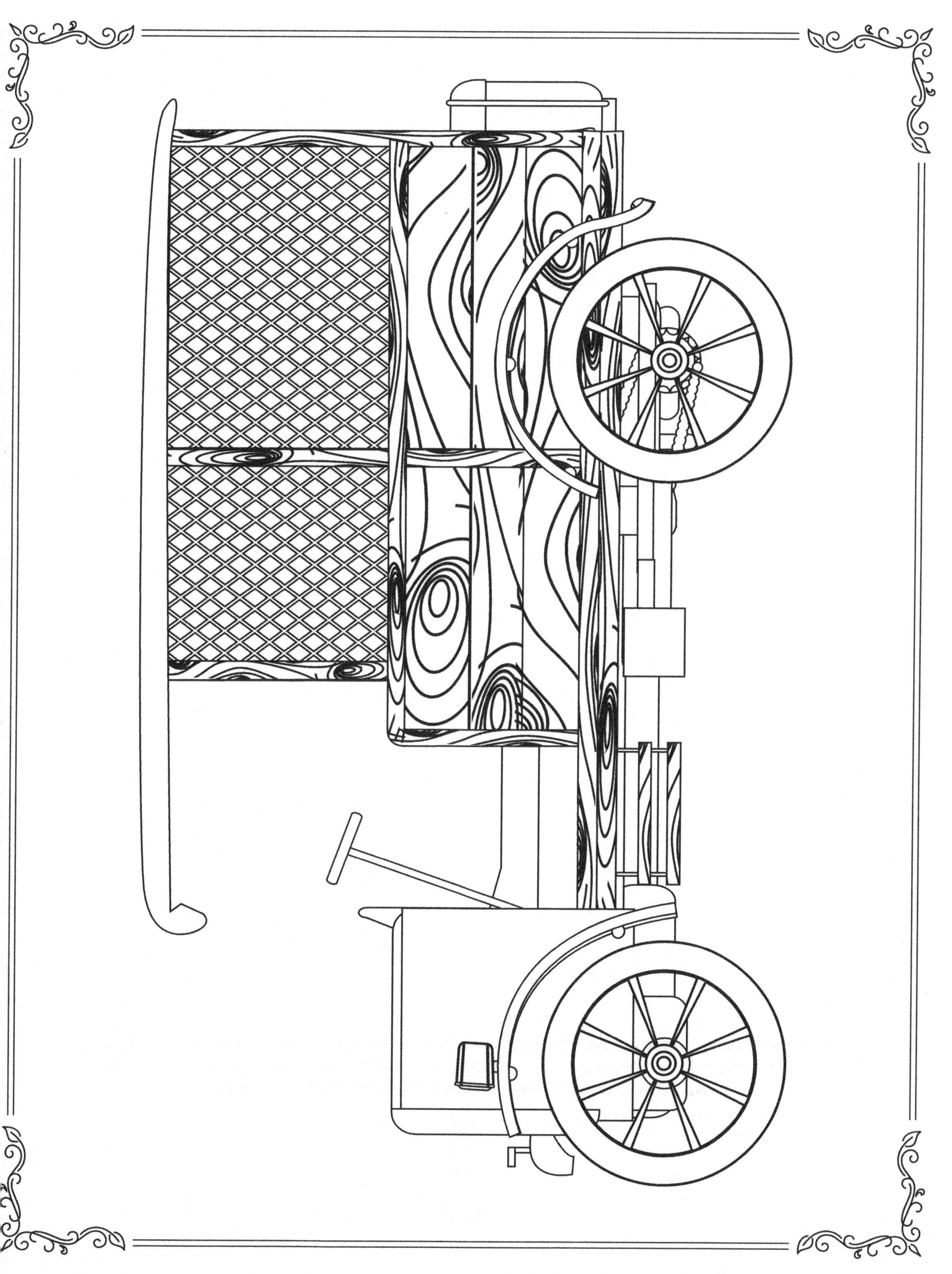

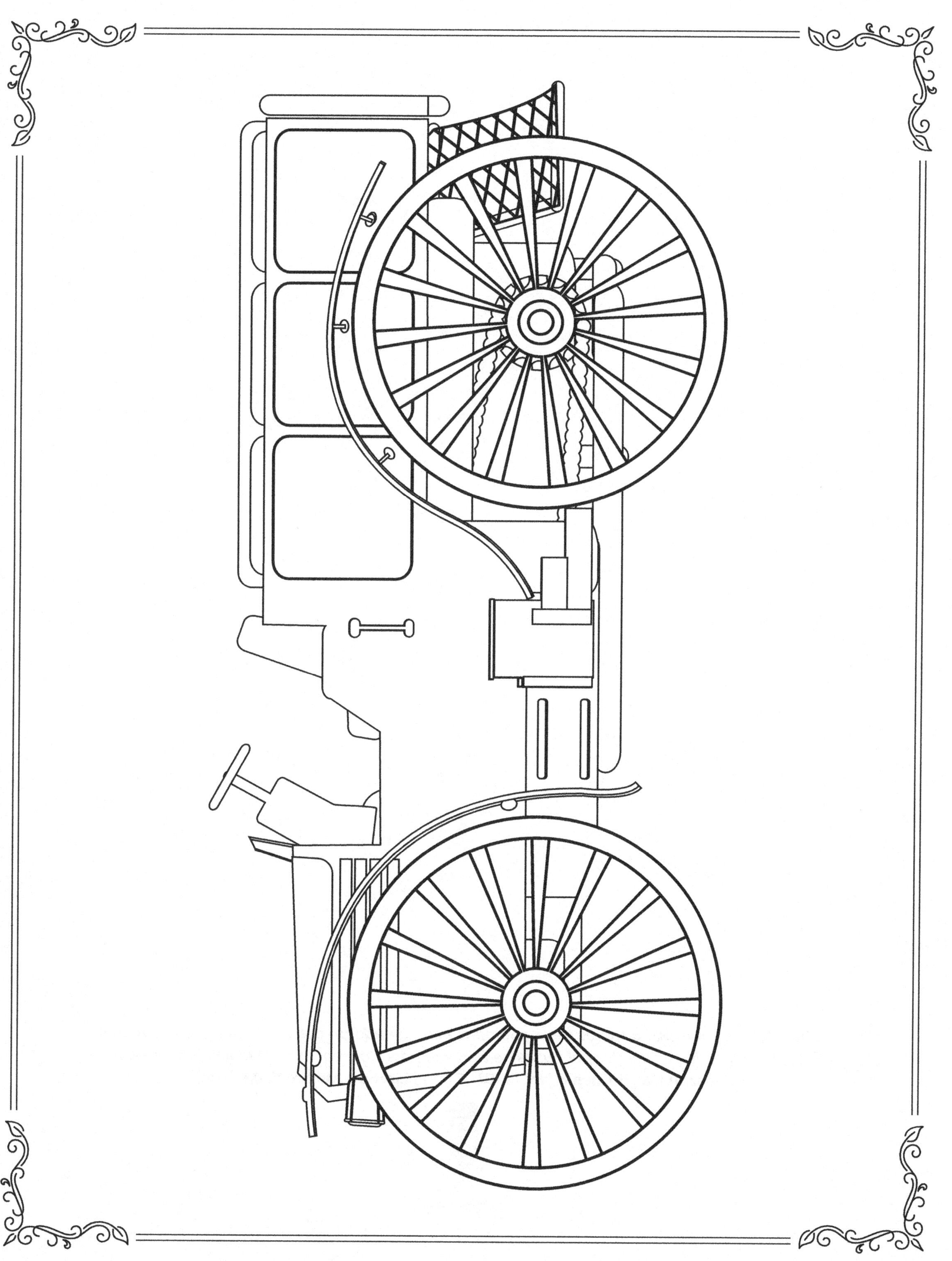

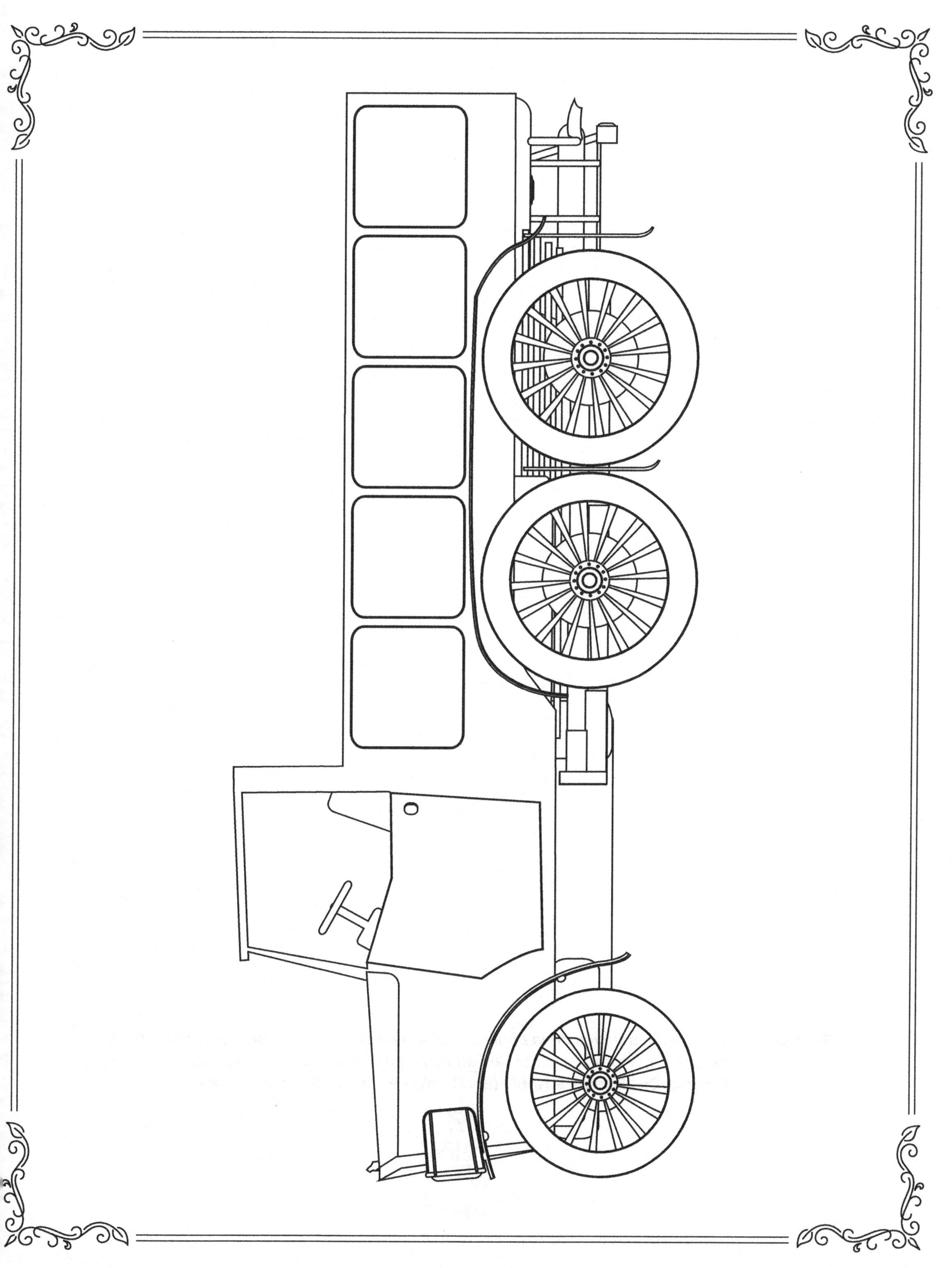

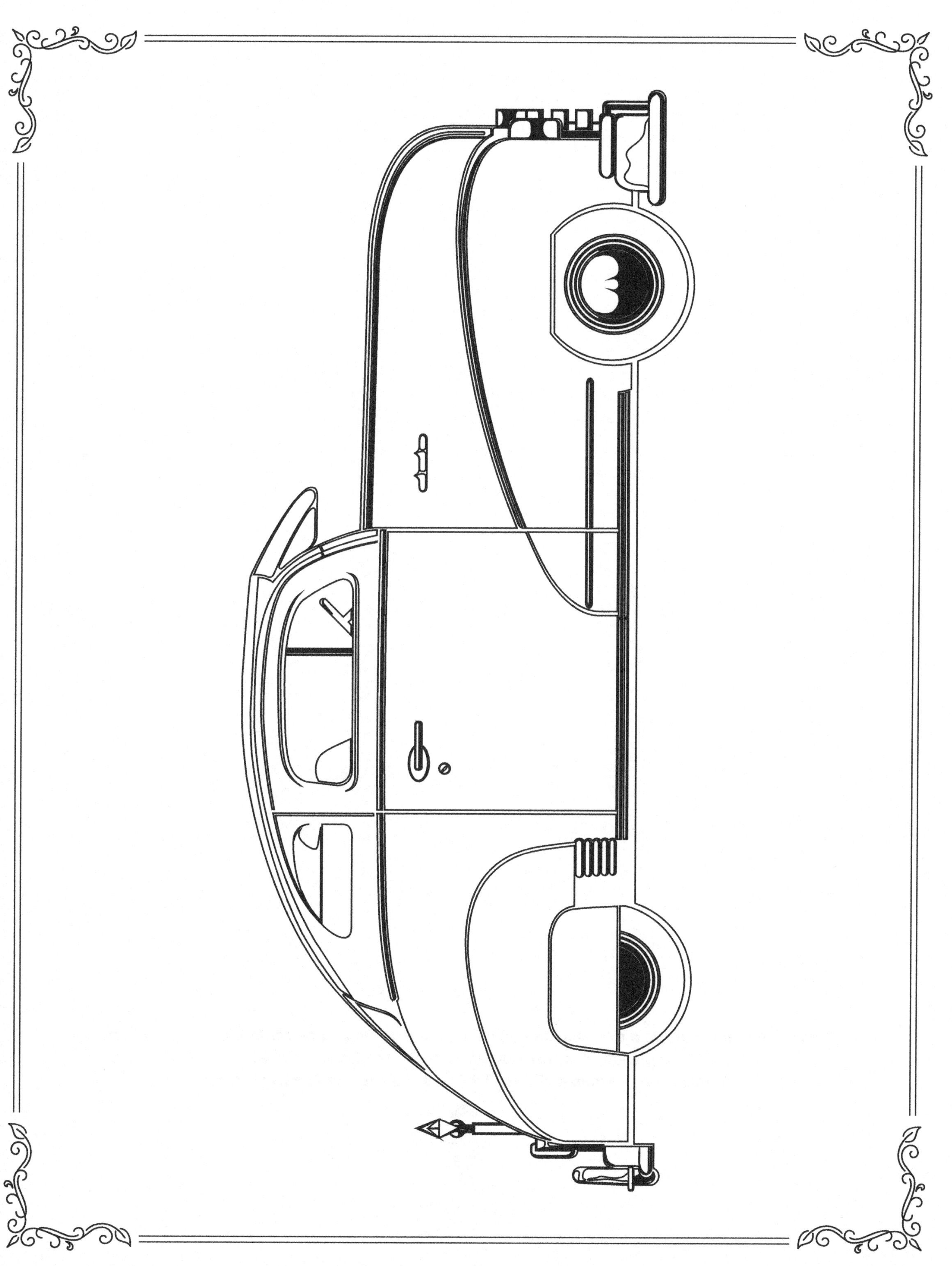

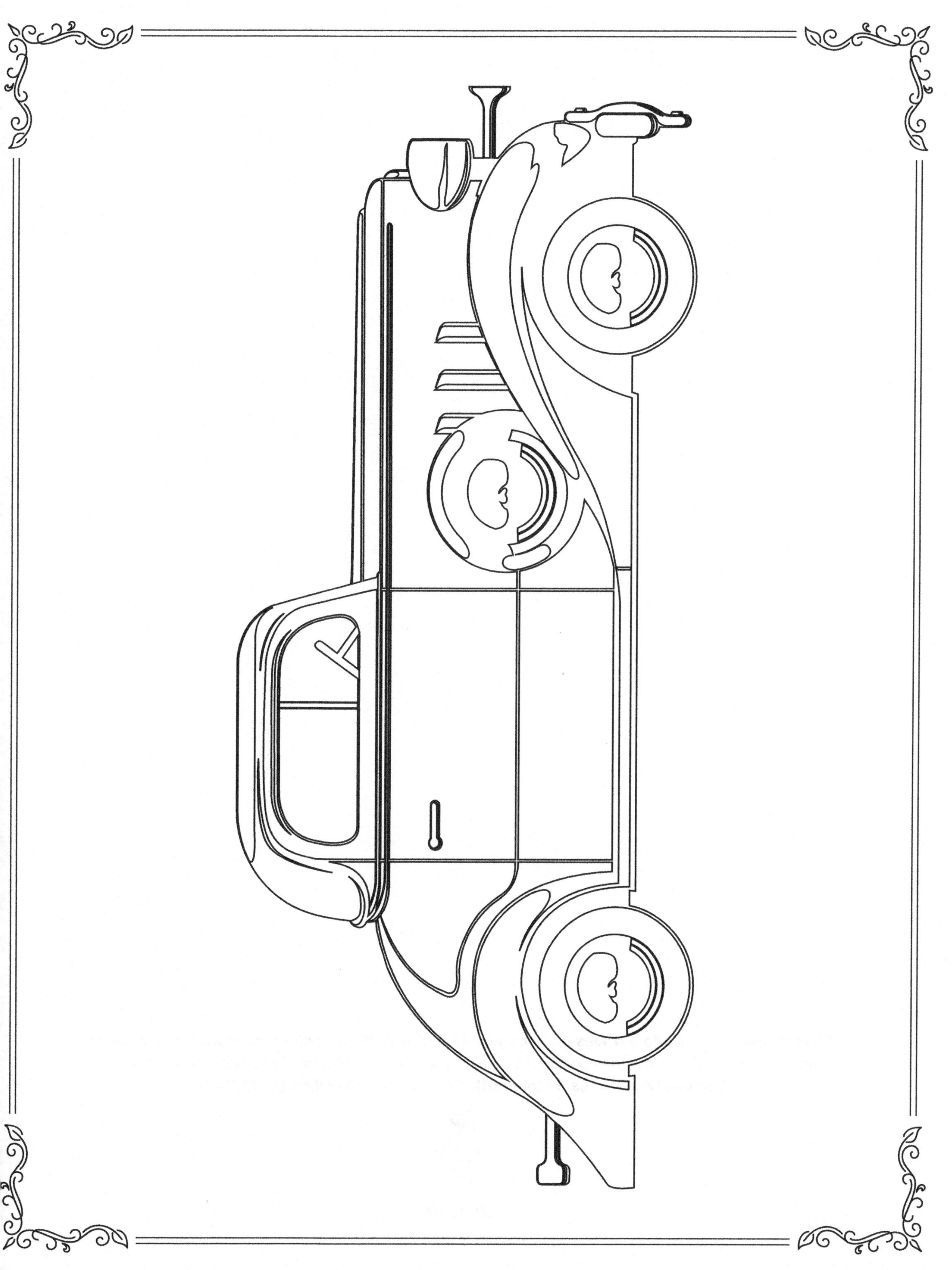

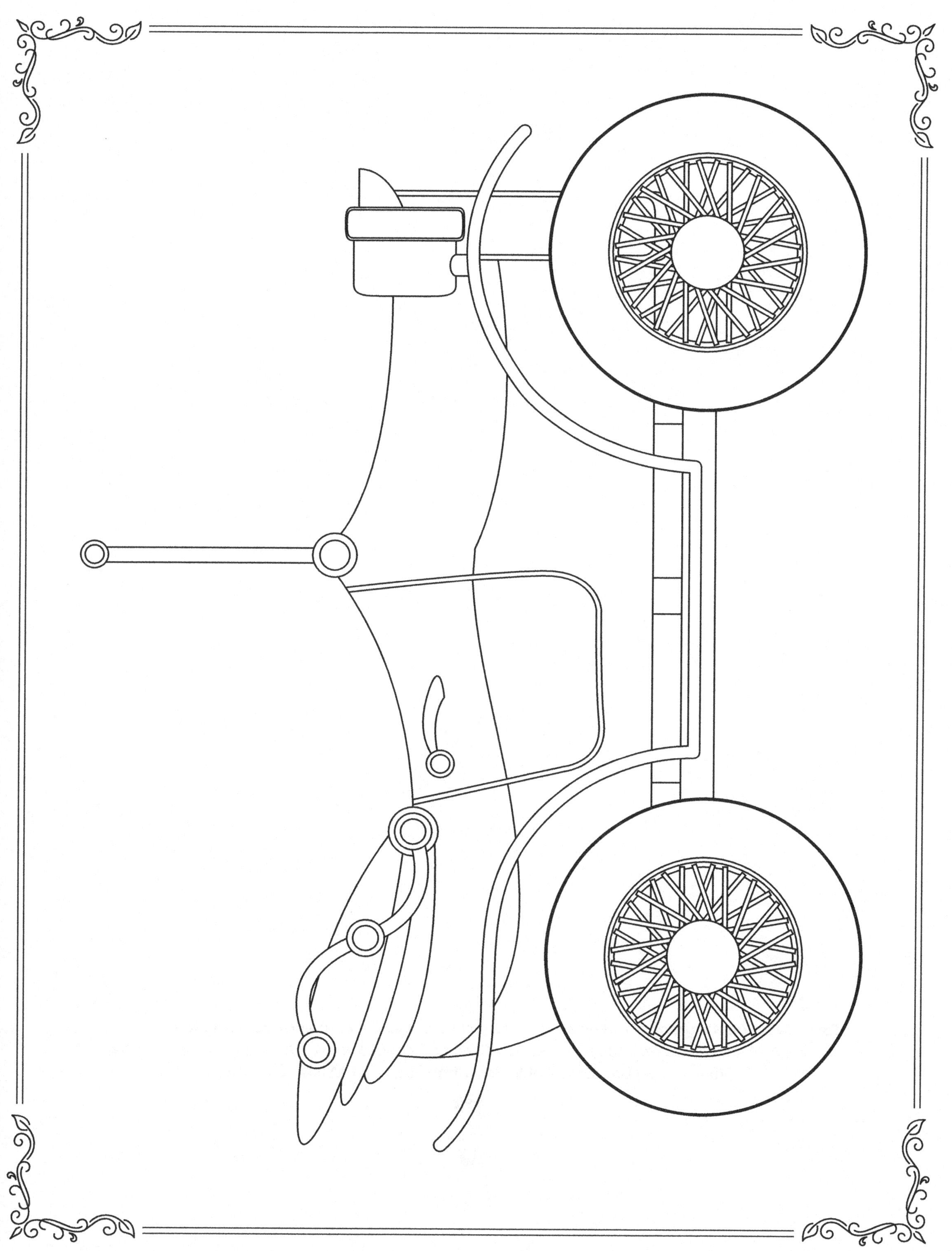

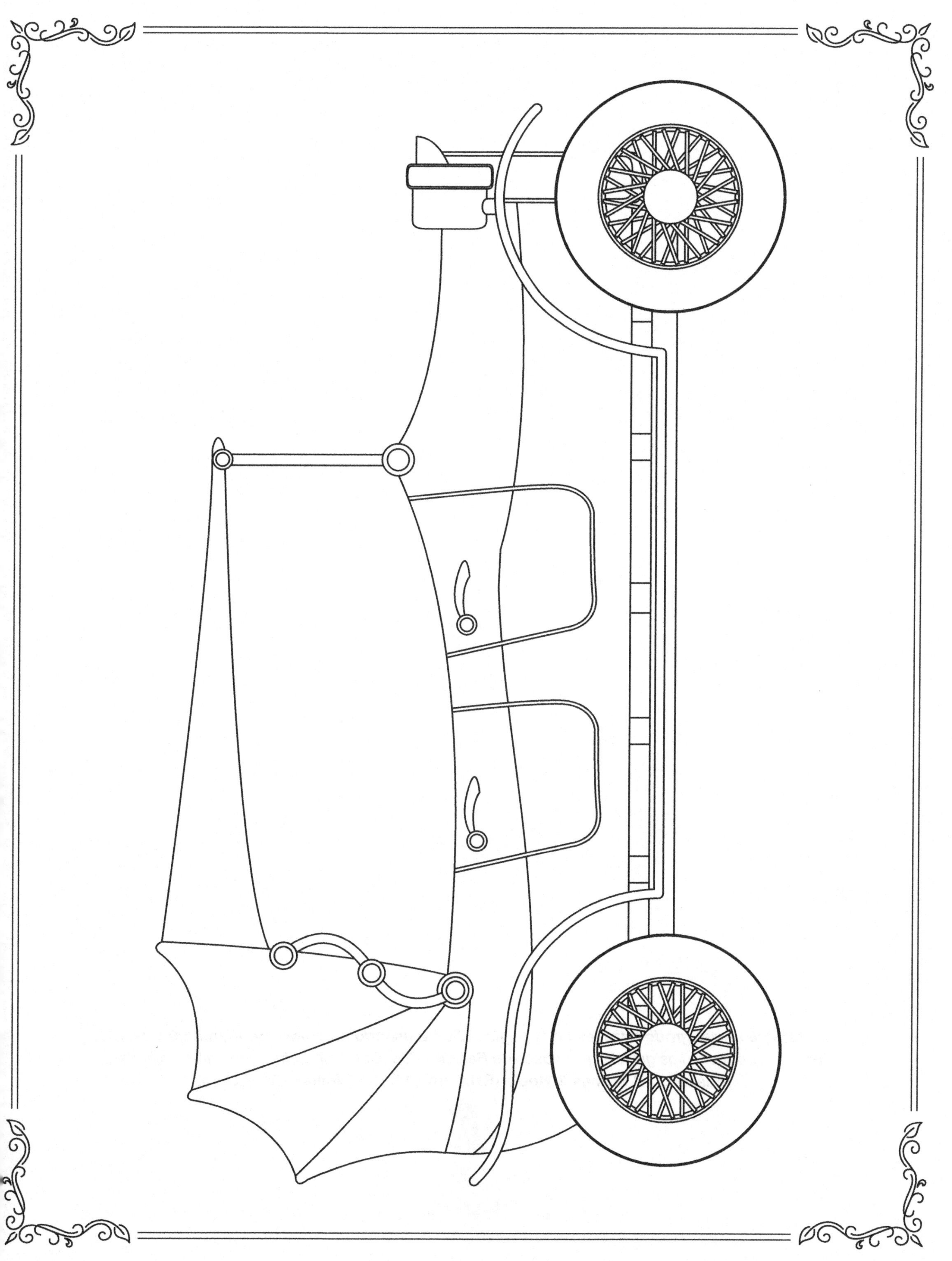

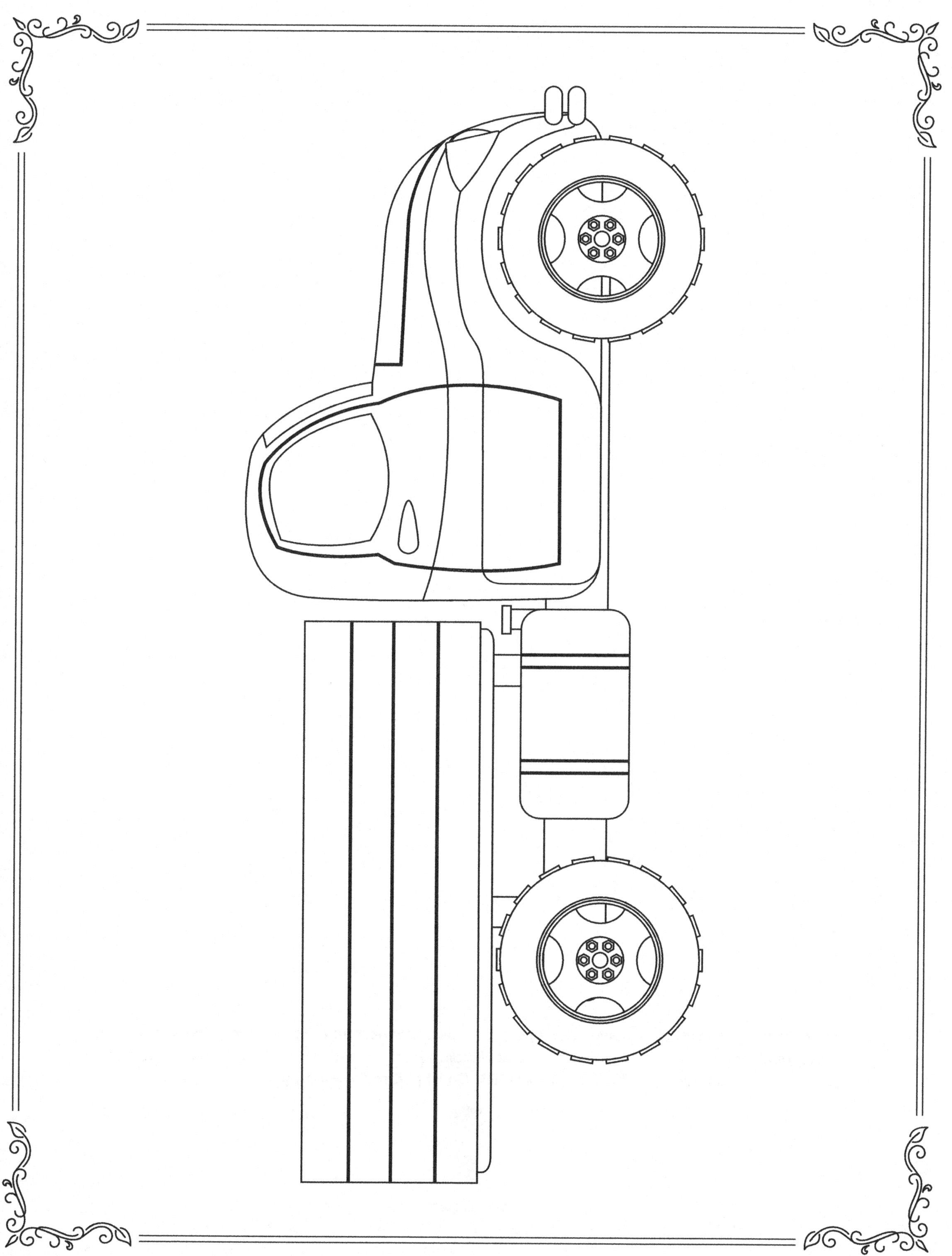

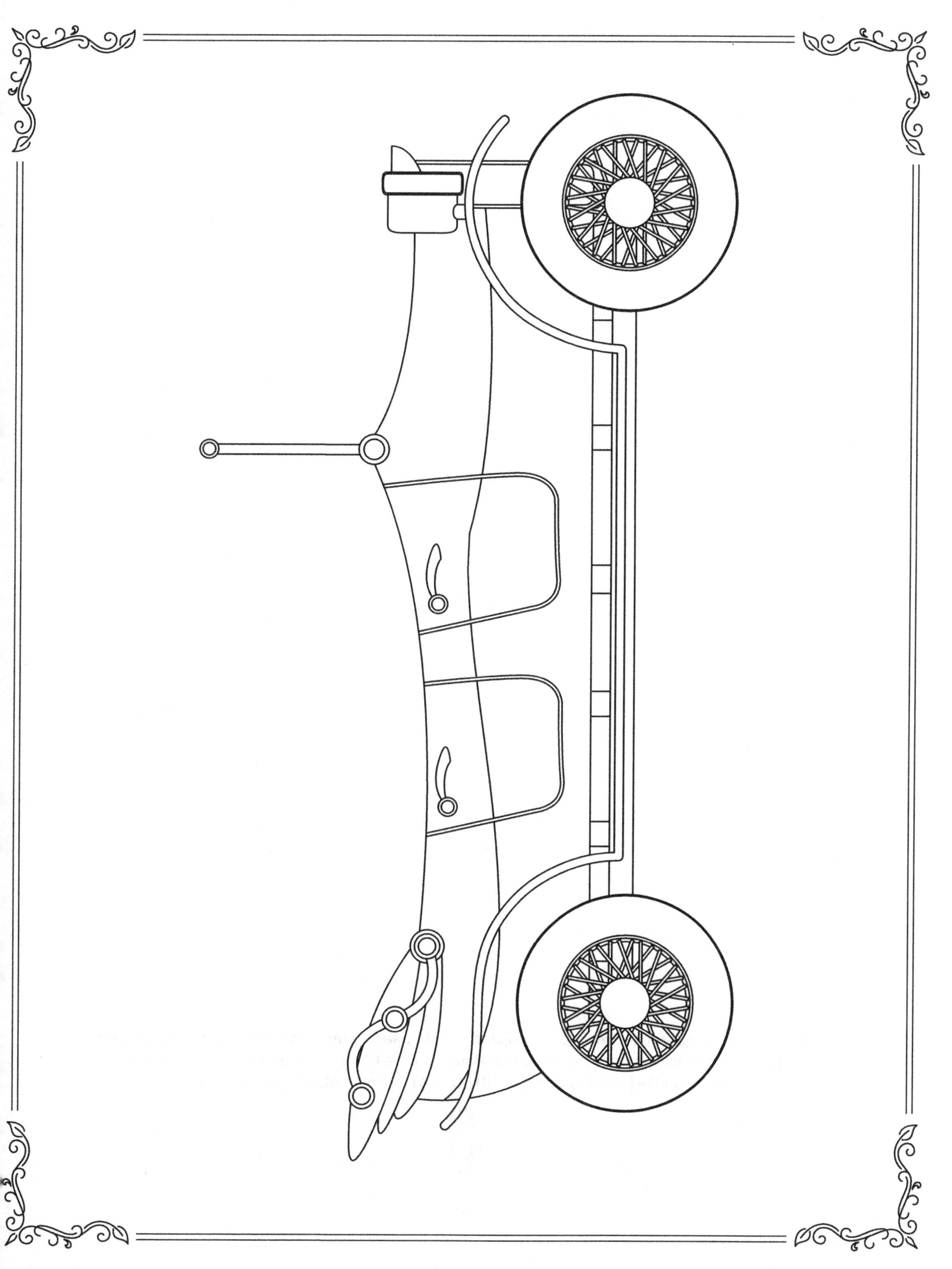

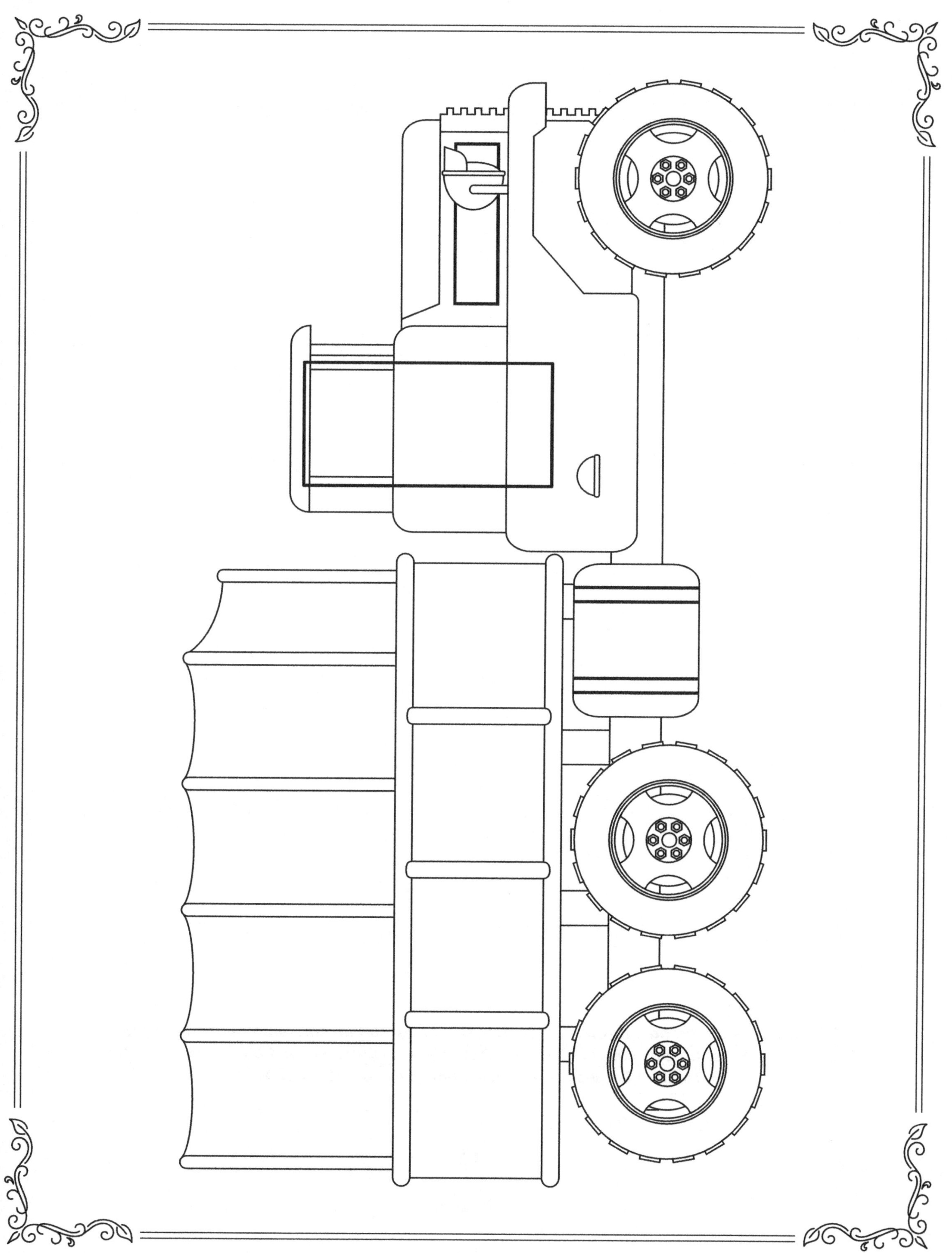

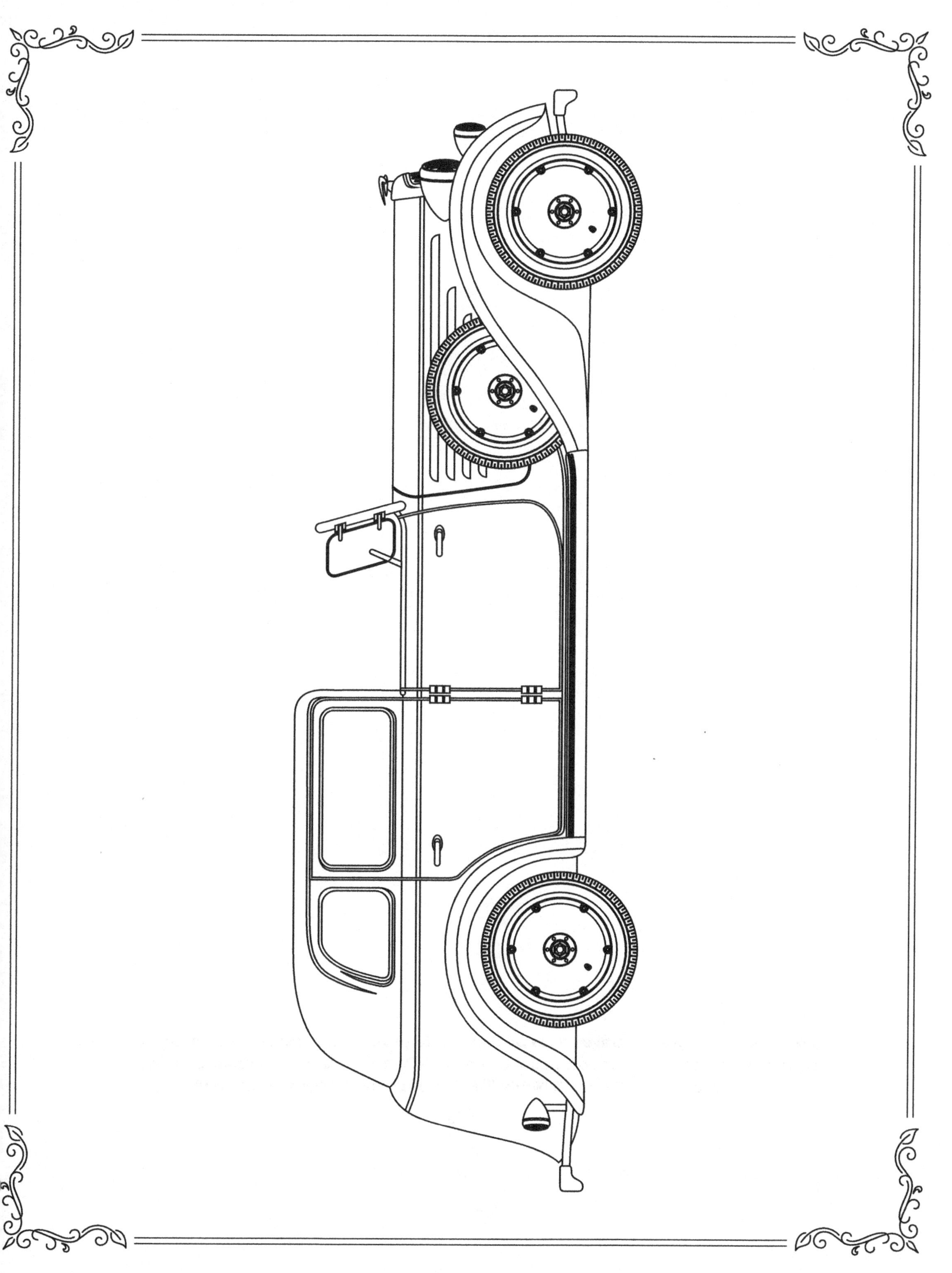

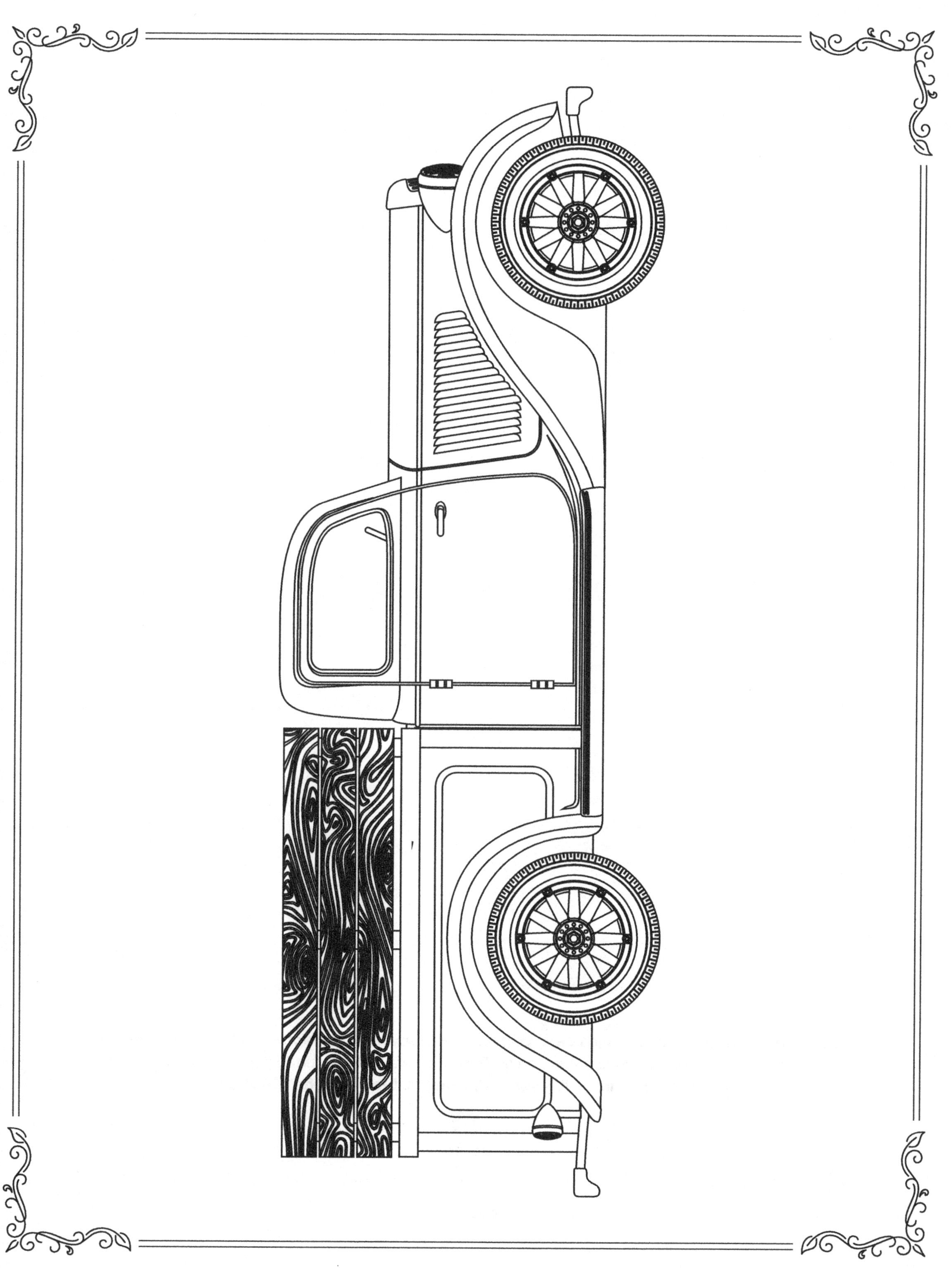

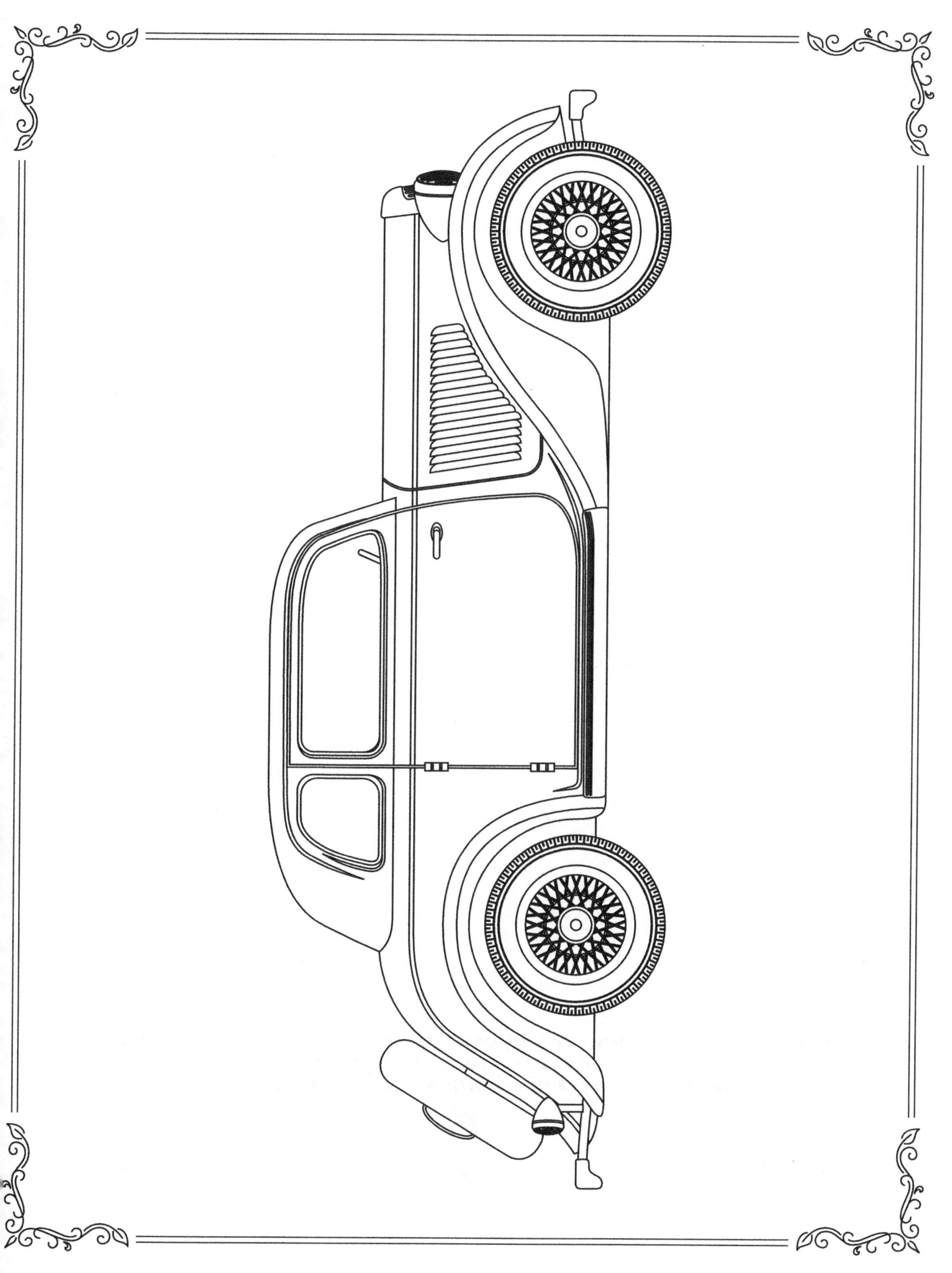

Se trata de un sangrado a través de la página si está usando un colorante marcador o pluma!

Encontrar otros títulos grandes por busca de <u>Bandido Para Colorear</u> en tu favorito libro minorista

Amazon.Ca | Barnes & Noble (BN.Com) | Libros 1 Millón (BAM.Com)

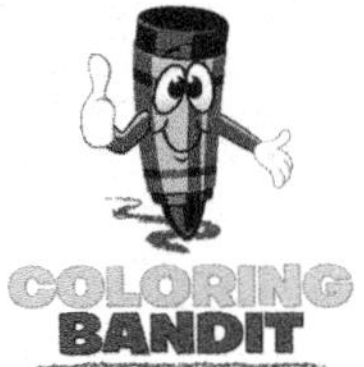

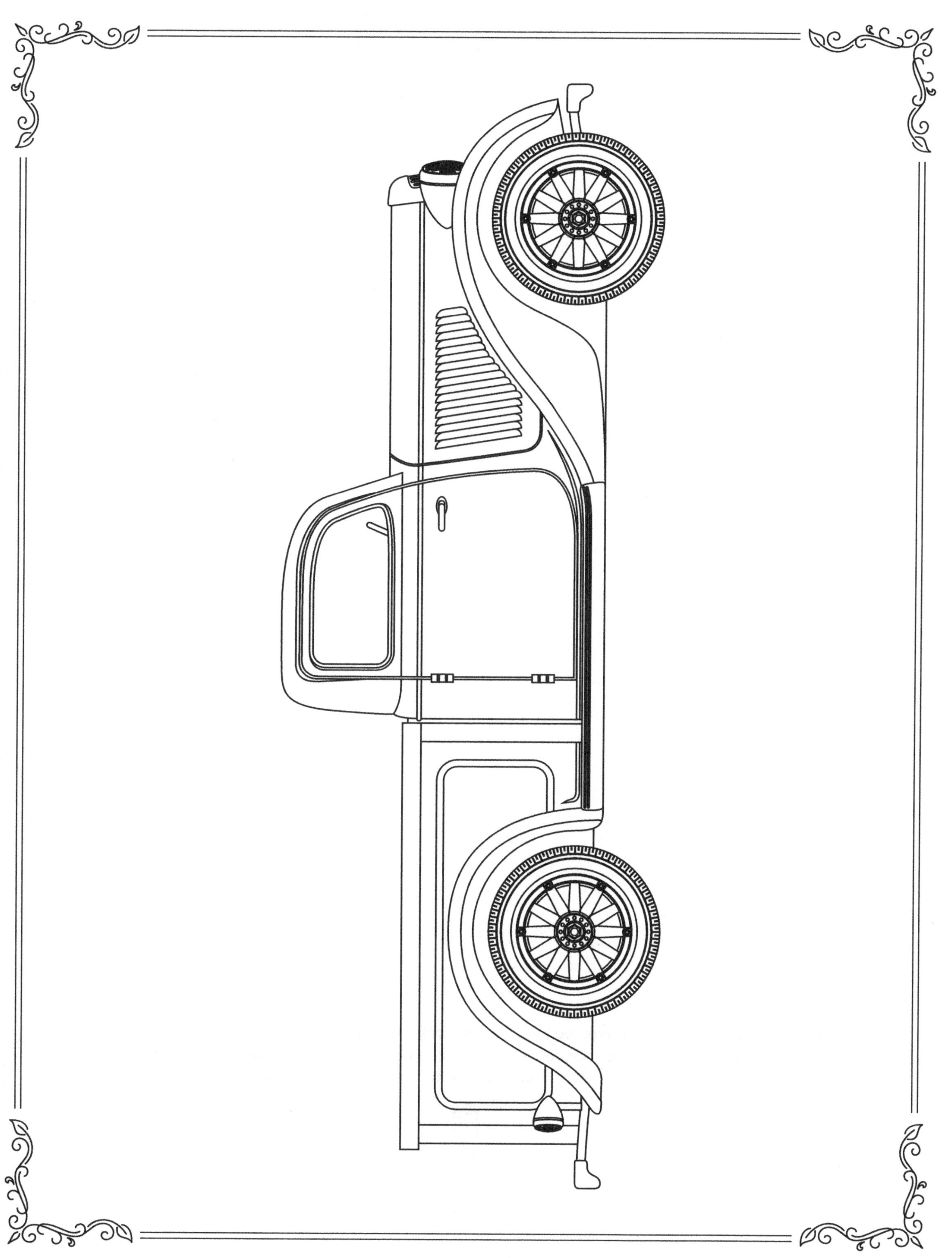

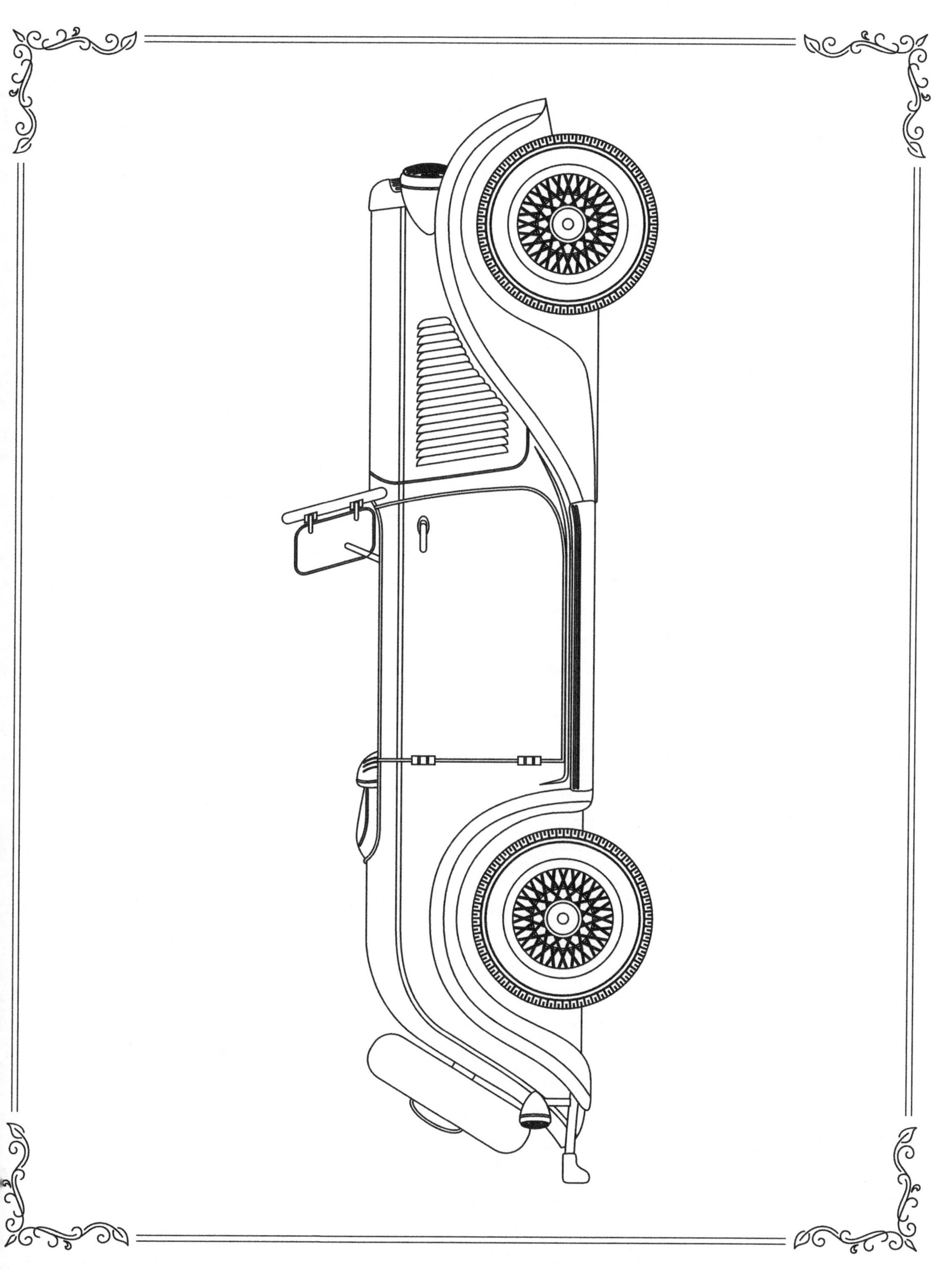